MICHAEL DENNENY

LOVERS

ZWEI MÄNNER UND IHRE GESCHICHTE

Interviews mit Philip Gefter
und Neil Alan Marks

Aus dem Amerikanischen von
Pieke Biermann und
Wolfgang Sebastian Baur

ROWOHLT

Die Originalausgabe erschien 1979 unter dem Titel
«Lovers. The Story Of Two Men»
bei Avon, New York
Teile des Buches erschienen zuerst im
Christopher Street Magazine
Redaktion Pieke Biermann
Umschlagentwurf Nora Sheehan/Manfred Waller
(Foto: Tom Jenkins)

1. Auflage September 1980

Gesamtherstellung Clausen & Bosse, Leck
Printed in Germany
ISBN 3 498 01236 3

Ich danke Charles Ortleb, dem Herausgeber des
Christopher Street Magazine, in dem eine
kürzere Fassung dieses Buches zuerst veröffentlicht wurde,
für Unterstützung, Ermutigung und vor allem dafür,
daß er den Nerv hatte, dieses Projekt
zu veröffentlichen.
M. D.

Dieses Buch ist
Harold Rosenberg und May Tabak
gewidmet.
M. D.

Christopher Street ist eine Straße in *Greenwich Village* (New York) und berühmt geworden als historischer Ort, an dem die Schwulenbewegung in den USA 1969 nach einer Razzia in der *Stonewall Bar* an die Öffentlichkeit trat.
Fire Island und *Provincetown* sind Ferienorte in der Nähe von New York, die besonders von Schwulen und Lesben bevorzugt werden. In *Fire Island* gibt es weniger Hotels oder Pensionen, dafür mehr Häuser, die wohlhabenden Schwulen gehören, und es ist mehr ein Wochenend-Ziel.
Die *Gay Academic Union* ist ein Verband schwuler Akademiker, die *Gay Media Coalition* eine Gruppe von Schwulen, die in den Medien arbeiten. Die *Gay Activist Alliance* ist eine der ersten Gruppen, die nach Stonewall 1969 gegründet wurden. Sie existiert heute nicht mehr in der Form, ist aber vergleichbar der heute bestehenden *Lesbian and Gay Coalition for Human Rights.*
Village Voice und *Soho News* sind zwei Zeitungen der «Village-Szene».

Inhalt

Vorwort

Der ursprüngliche Impuls zu diesem Doppelinterview entsprang der seelischen Verfassung, in der ich mich befand, nachdem mir drei Liebesgeschichten nach der gleichen Zeit katastrophal in die Brüche gegangen waren. In einer solchen Lage neigt das Gehirn zu Planspielchen und zur endlosen Wiederholung der ewig gleichen Melodie, wie eine Schallplatte mit einem Knacks, immer wieder dieselbe Stelle – Kate Millett hat diesen psychischen Zustand in *Sita* mit erschlagender Genauigkeit eingefangen. Ich war bereits eine Belastung für meine Freunde und meiner selbst überdrüssig geworden, als ich Philip und Neil kennenlernte, deren Liebesgeschichte ungefähr ein halbes Jahr vorher «zu Ende gegangen» war. Es machte mich neugierig, daß die beiden eine ungewöhnliche Foto-Dokumentation ihrer zweieinhalbjährigen Liebesgeschichte besaßen, und ich wurde erst recht neugierig darauf herauszufinden, ob die Unstimmigkeiten, unter denen ich so gelitten hatte, pure Idiosynkrasien waren oder ob sie Schwierigkeiten, die der Liebe unter Homosexuellen oder möglicherweise jeder Art von Liebe zu einem anderen Menschen innewohnen, nur auf besondere Weise ausdrückten.
Ich nahm eine Auswahl der Fotos als Aufhänger und machte mich daran, jeden der beiden einzeln und bei mehreren Gelegenheiten zu interviewen. Die daraus entstandenen Hunderte von Manuskript-Seiten wurden später zu dem vorliegenden Text gerafft. Über den Interviews lag die Anspannung heftiger und ungelöster Gefühle, langer Nächte, in denen allmählich der Morgen graute, und das dringende Bedürfnis zu begreifen, was passiert war und warum. Ich habe versucht, Gestalt und Rhythmus dieser intimen Gespräche hinüberzuretten – die Verwirrung und das immer wiederholte Kreisen um einen bestimmten Punkt, die Pausen und die Satzfetzen, die Widersprüche und die plötzlichen schlagartigen Einblicke – denn das lebendige Gewebe der Sprache schien mir ebenso bedeutsam wie der Inhalt. Das bedeutete eben auch, Gefahr zu laufen, daß sich Philip und Neil eventuell weniger sprachgewandt und mehr durcheinander anhörten, als das gewöhnlich bei nachträglich redaktionell bearbeiteten Interviews der

Fall ist, bei denen die Leute in ganzen Sätzen und sogar noch in Absätzen reden. Diese Gefahr erschien mir aber sekundär angesichts der viel wichtigeren Frage, ob es überhaupt vertretbar ist, solche höchst privaten Dinge zu veröffentlichen.

«Alle glücklichen Familien sind sich ähnlich», sagt Tolstoi, «aber jede unglückliche Familie ist auf ihre eigene Art unglücklich.» Gerade in unserem Zeitalter von Vulgär-Psychologie und Instant-Soziologie ist es wichtig, Romane zu lesen – Geschichten von ganz besonderen Individuen, nicht Durchschnittspersonen – und ihren Nutzen zu begreifen. Dieses sind nicht Interviews mit einem «repräsentativen schwulen Paar», falls es so etwas überhaupt gibt. Sie befassen sich mit zwei ganz bestimmten Individuen. Und wie die meisten Individuen sind sie ganz anders als alle anderen. Ob ihre Geschichte für uns alle irgendwie nützlich sein kann, muß jeder Leser selbst entscheiden.

Ich für meinen Teil empfinde Dankbarkeit und aufrichtige Bewunderung für ihre Bereitschaft, uns dieses Selbstporträt zugänglich zu machen, denn es ist nicht ganz *ihr* Selbstporträt. Es ist unvermeidlich *mein* Bild von ihnen und ihrer Beziehung, und ich kann keineswegs behaupten, ich wäre nur ein unbeteiligter Beobachter gewesen. Da sie mir ihre Selbstdarstellung anvertraut haben, möchte ich den Leser vor vorschnellen Urteilen warnen. Neil sagt irgendwo, er glaubt, wir bestehen alle aus sehr tiefen und sehr oberflächlichen Beweggründen und geben die oberflächlichen nur sehr ungern zu – das ist eine Erkenntnis, die ich teile. Diese zwei Männer waren bereit, sowohl ihre tiefen Empfindungen als auch ihre oberflächlichen Gefühle offenzulegen. Ihre Aufrichtigkeit sollte uns innehalten lassen.

Überflüssig anzumerken, daß homosexuelle Beziehungen unbeackertes Neuland sind und daß wir alle nicht genau wissen, was wir da eigentlich tun. Die folgenden Interviews sind ein Versuch von zwei Männern, zu begreifen, was ihnen passiert ist.

M. D.

PHILIP

Also, das hier ist Foto Nummer eins. Ich glaub, damals bin ich gerade mit meinem Schwulsein öffentlich rausgerückt, hatte mein *coming out*, wie man so sagt, obwohl ich bis dahin schon mit einer Menge Männer geschlafen hatte. Ich hatte mir gerade die Haare geschnitten und einen gewissen «Schwulenlook» zugelegt, oder was ich damals dafür hielt. 1973 war das.

Wie alt warst du damals?

Einundzwanzig. Ich sah aus wie ein Engel. Als Neil mich kennenlernte – und da sah ich so aus –, hat er gedacht, ich wär der Inbegriff jugendlicher Unschuld. Das war sein Eindruck von mir. Wie Tadzio im *Tod in Venedig*, so sah er mich tatsächlich.

Hast du dich selbst auch so gesehen?

Irgendwie schon, obwohl meine Selbsteinschätzung damals nicht so war, daß ich mich überhaupt wirklich für attraktiv hielt. Während unserer ganzen Beziehung hat mich Neil immer wieder gefeiert und mir ständig gesagt, wie absolut hinreißend ich aussähe. Das hatte ich bis dahin überhaupt nicht

I

gewußt, und selbst heute bin ich mir auch noch nicht ganz sicher. Aber so hat er mich gesehen. Ich selbst fühlte mich nicht so. Ich fand, ich sähe leidlich gut aus, und versuchte, mein Image nach dem der Schwulen von der *Upper East Side* auszurichten – oder sagen wir lieber: der aus dem *West Village*. Aber das kam eigentlich nur daher, daß es das einzige war, was ich damals als Schwulenszene kannte.
Bild Nummer 2 zeigt Neil, als ich ihn gerade kennengelernt hatte, das heißt eine Woche danach. Wir trafen uns in einem Schriftsteller-Kurs an der *New School*. Neil machte den ersten Annäherungsschritt. Aber angesprochen habe ich ihn zuerst. Ich wußte, er war irgendwie schwul. Er saß ganz hinten im Saal, und ich sah, wie er mir nachstarrte, als ich rausging; wir gingen beide die Treppe hinunter, redeten kein Wort miteinander und traten auf die Straße; ich merkte genau, daß er mir folgte, daß er mir nachsah. Ich merkte, daß er schwul war. Wieso ich das merkte, weiß ich nicht. Und ich sagte dann: «Wie fandest du den Prof?» So kamen wir ins Gespräch und gingen in ein Café in der *Christopher Street*; damals wußte ich noch gar nicht, was die *Christopher Street* war. Später erzählte er mir, er hätte mich auf die Probe stellen wollen, ob ich schwul war und ob ich das alles um uns herum eigentlich mitkriegte. Ich kriegte gar nichts mit. Wir saßen da in dem Café, und nach etwa zwanzig Minuten fragte er mich, ob ich *straight* bin, also «normal». Ich sagte, nicht so richtig, und rollte ihm die ganze Geschichte auf, in die ich zu der Zeit verstrickt war: ich hatte da so eine Beziehung zu einer Frau, die mit einem Mann zusammenlebte, der wiederum mit einem anderen Mann was hatte, und das Ganze war wirklich alles andere als lustig. Ich fand Neil nicht anziehend ... zumindest nicht zu diesem Zeitpunkt.

Du fandest Neil nicht anziehend?

Körperlich jedenfalls nicht. Ganz und gar nicht. Du siehst ja, hier, wie der damals ausgesehen hat. Und später kannst du sehen, was aus ihm geworden ist. Mir schwebte damals so ein bestimmter Traum-Mann vor: dunkel und behaart – Neil hat

2

ja wirklich Haare am ganzen Körper. Aber das wußte ich damals noch gar nicht. Daher fand ich ihn auch nicht anziehend. Als ich ihn kennenlernte, sah er noch ganz anders aus als später im Laufe unserer Beziehung. Da hatte er noch keinen Bart. Und damals trug er die Haare ganz kurz, deshalb sahen sie auch viel heller und dünner aus, als wenn er sie lang trägt. Wie auch immer, er lud mich zu sich in die Wohnung ein, nicht am selben Abend – da hätte ich auch gar nicht hingehen wollen –, aber die Woche drauf bin ich dann wohl hingegangen. Ich fand ihn kein bißchen anziehend. Ich kam in die Wohnung, und fünf Minuten später bestieg er mich bereits. Und ich ließ das alles über mich ergehen – ich sagte, Moment mal! Was machst du da? Was soll das alles! Klar, ich wußte natürlich, daß da von vornherein eine sexuelle Absicht dahinterstand, aber grad so ... Warte doch mal ab. Aufhören. Aber da war natürlich auch schon irgendwas ins Rollen gekommen. Er zog mich jetzt doch an, auf irgendeiner Ebene, die ich damals ganz und gar nicht als körperlich oder sexuell begriff.

Und wie alt war Neil damals?

3

Fünfundzwanzig. Wir hatten beide bald Geburtstag. Ich wurde zweiundzwanzig und er sechsundzwanzig.

Wie siehst du ihn denn auf dem Foto?

Er sieht aus wie geradewegs den fünfziger Jahren entsprungen. Wie ein empfindsames Kind. Ja genau, wie ein zartes, empfindsames Kind. Er sieht sehr natürlich aus auf dem Foto, ich mochte das immer gern. Ich glaube, ich bin irgendwie darauf angesprungen. Aber wenn er manchmal so über das Leben sprach, also seine Lebensphilosophie paßte irgendwie ganz und gar nicht zu seiner Erscheinung. Weil er auf dem Foto tatsächlich so aussieht, als käme er aus den fünfziger Jahren. Ich kam mit diesem Bruch überhaupt nicht klar. Eigentlich interessant. Aber dies nur so am Rande. Und das war ich (Foto 3). Ungefähr drei Wochen nachdem ich ihn kennengelernt hatte, ließ ich mir die Haare ganz kurz schneiden. Als er mich kennenlernte, sah ich noch nicht so aus wie hier, sondern erst danach. Zwei Monate lang konnte er auch nicht richtig auf mich, weil ich wirklich schauderhaft aussah, unglaublich verändert. Ich konnte meinen Anblick damals selbst kaum aushalten. Aber ich war auf Jobsuche und überzeugt davon, daß ich nur einen finden würde, wenn ich mir die Haare schneiden ließ. Und ich sah damals wirklich abgeleckt aus ... blutjung: wie achtzehn. Richtig sauber, direkt asexuell. Ich *fühlte* mich auch asexuell. Oder besser: ich hatte das Gefühl, daß ich so *aussah*.

Wie hat Neil darauf reagiert?

Er ist mitgekommen zum Haareschneiden. Ich bin fast ausgeflippt deswegen, aber er behielt absolut die Ruhe, sagte kein Wort und hat sich hinterher wirklich äußerst verständnisvoll und ermutigend verhalten. Wir gingen die Straße hinunter, und ich hab mich in den Schaufensterscheiben gesehen und bin fast durchgedreht, weil ich mich überhaupt nicht damit abfinden konnte. Und er sagte immer wieder: «Ist ja gut, das wächst ja wieder nach.» Erst zwei Monate später hat er mir erzählt, er könnte es nicht aushalten und ich hätte meine ganze Anziehungskraft für ihn verloren.
Das vierte Foto ist etwa ein, zwei Monate nachdem ich ihn kennengelernt hatte, aufgenommen worden. Seine Haare wurden schon länger, und er hatte seinen Bart wachsen lassen. Etwas, was mich an Neil wirklich anzog, war die Tatsache, daß er trotz kurzen Haarschnitts und ständigen Rasierens diese starken Bartstoppeln hatte, das gefiel mir sehr. Das macht mich ungeheuer an, sexuell. Ich glaube, ich habe mich erst eineinhalb Monate nach unserem Kennenlernen so richtig in Neil verliebt. Ich kann mich noch an den Tag erinnern, sogar noch an den Augenblick, ich weiß noch genau, wie alles war und was sich gefühlsmäßig bei mir abspielte, als ich mich in ihn verliebte. Und das war ...

Was für ein Tag und was für ein Augenblick war das?

Das war glaube ich eineinhalb Monate, nachdem ich ihn kennengelernt hatte. Ich war bei ihm in der Wohnung, am späten Nachmittag. Es war Herbst, und ungefähr diese Tageszeit … ja, diese Tageszeit in etwa. Anfang Dezember oder Ende November. Ich war gerade vom Jobsuchen nach Hause gekommen. Wir lagen auf dem Sofa; ich glaube, wir hatten noch nicht miteinander geschlafen, wir lagen uns gerade in den Armen. Es wurde schon langsam dunkel. Ein wunderschönes Licht lag im Raum. Und ganz plötzlich wurde mir bewußt, daß sich sein Körper absolut … daß sein Körper total die Antwort auf alle meine Bedürfnisse war. Er war warm … in dem Moment war ich unheimlich drauf. Und sein Körper fühlte sich an wie dafür geschaffen. Er war genau richtig. Er war kuschelig behaart, warm, er war Mami und Papi in einem. Die Verkörperung von Mami und Papi. So empfand ich das in dem Augenblick. Ganz plötzlich stiegen auch alle diese romantischen Phantasiebilder in mir auf, als ob sich das alles in den zwanziger Jahren in London oder Paris abspielte, weißt du, an einem Herbsttag. Ich will damit sagen, es war alles sehr literarisch, die ganze Stimmung, in der das passierte. Aber so war es nun einmal. Und ich fiel, ich fiel buchstäblich, ich spürte wie ich sank, wie ich mich ganz einem Gefühl hingab, das größer war als meine Kontrolle darüber. An dem Tag habe ich mich in ihn verliebt. Wir lagen eng umschlungen da und lachten und redeten, und da hat er mich dann tatsächlich gefragt, wie sehr ich ihn liebe. Und ich sagte: «Das kann ich dir nicht sagen, das weiß ich nicht, ich weiß noch gar nicht, daß ich dich liebe.» Und unmittelbar nach dieser Unterhaltung war es ja dann auch so, daß dieses Gefühl in mir hochstieg. Aber davon habe ich ihm am selben Tag noch nichts erzählt.

Gleich danach gingen wir zusammen einkaufen. Er wollte mir zum Abendessen Bananen-Curry machen. Ich fand das echt toll, daß er Bananen-Curry zubereiten konnte. Ich hatte bis dahin noch nie sowas gegessen. Ich hatte auch noch nie jemanden kennengelernt, der sowas machen konnte. Ich glaube, das war für mich ein Symbol seiner Weltläufigkeit,

4

von der ich mich auch hatte verführen lassen. Er war weit herumgekommen, er schien auch weltmännischer und erfahrener als ich. Vermutlich haben alle diese Dinge ... sehr stark mit hineingespielt. Dieses Foto hier (4) stammt übrigens aus der damaligen Zeit. Sein Bart war schon kräftiger, und er sah schon düsterer aus.

Wenn man Neil beschreiben sollte, würde man sagen, er ist irgendwie behaart. Das hat mich sexuell sehr angezogen. Etwa zu der Zeit hatte ich auch meine ersten sexuellen Phantasien mit ihm, wenn er grad nicht da war, Masturbationsphantasien. Er wurde meinem Traum-Mann immer ähnlicher. Und es fällt mir schwer zu sagen, wer da was geformt hat ... ob meine Idealvorstellung schon a priori existiert hat, bevor ich Neil kennengelernt hatte, oder ob sie erst Gestalt annahm, als meine Beziehung zu Neil Gestalt annahm. Ergibt das überhaupt einen Sinn, diese Unterscheidung?

Ja.

Das Foto ist auch aufschlußreich wegen bestimmter Symbole. Es wurde im Straßendampf aufgenommen und sieht richtig wolkig und nebulös aus, und er wirkt fast wie eine Erscheinung, wie eine dunkle satanische Erscheinung, die aus Dampf und Rauch auftaucht. Und so waren auch die Gefühle, die ich damals ihm gegenüber empfand. Sie waren ebenfalls sehr nebulös, verwirrt, und seine Gegenwart machte sich in meinen Gefühlen immer deutlicher bemerkbar, so eine dunkle, satanische Gegenwart, die meine Gefühle zu beherrschen begann und mir die Gewalt über sie entzog.

Ist dieses Foto entstanden, nachdem du gemerkt hattest, daß du dich verliebt hattest?

Ja, ganz kurz danach. Eine Woche später, oder drei Tage ... Während unserer Beziehung sah Neil uns beide auch immer in dieser Metapher: er war die Nacht und ich war der Tag, er verkörperte alles, was es an Finsterem, Bösem, Geheimnisvollem und Verwirrendem in der Welt gibt, und ich das Gute, das Tageslicht, die Sonne und das alles. Diese Zuordnung hat mich die ganze Beziehung über geärgert, aber ich glaube, es hat mich so geärgert, weil da wohl eine Menge Wahres dran war. Nun ja ... *(Lange Pause)*
Wenn ich darüber spreche, muß ich gestehen, daß ich ziemliche Ängste kriege. Ich sitze hier und seufze rum, und die Worte ... wenn ich in einer angenehmeren Situation wäre ... ich würde leichter Worte finden, aber das ist jetzt eben nicht so. Ich finde es immer schwerer, das wirklich Besondere an

uns zu benennen. Diese Fotos hier wühlen eine Menge Gefühle auf, die ich nicht so hätte verdrängen sollen *(Lachen)* ...

Wußten deine Eltern damals, daß du schwul bist?

Etwa eine Woche nachdem ich zu Neil gezogen war, haben sie es erfahren. Meine Mutter hatte gerade einen Auftragsjob und kam zwei Tage nach New York. Wir waren zum Abendessen bei meiner Tante, und da fragte sie mich, ob ich den nächsten Abend mit ihr verbringen könnte, zum Essen ausgehen oder sowas. Ich sagte ihr, daß ich zu einem Termin mit meiner Gruppe müßte, und sie wollte wissen, was das für eine Gruppe war. Ich erklärte ihr, es wäre eine Selbsterfahrungsgruppe, und wir würden da alle versuchen, unsere gemeinsamen Erfahrungen aufzuarbeiten und unsere gemeinsame Unterdrückungssituation zu begreifen. Als alle vom Tisch aufgestanden waren, fragte sie, was das für Leute wären in dieser Gruppe. Ich sagte, ein Doktor und zwei Professoren, solche Leute eben. Und sie fragte, wie alt die wären. Ich sagte, der Älteste wäre zweiundvierzig ... und sie sah mich an und fragte: «Bist du der Jüngste?» Und ich sagte «Ja». Darauf sie: «Sind das alles Männer in deiner Gruppe?» Und ich wieder: «Ja.» Da guckte sie mich spöttisch an und sagte: «Sind die auch in Ordnung?» Da hätte ich beinah alles wieder ausgekotzt und sagte: «Wenn du damit meinst, ob die schwul sind, dann kann ich nur sagen: jawohl, die sind schwul.» In ihrem Blick mischte sich Staunen, Angst und Panik; sie sagte, das wäre alles eine Lüge, und ich würde mir meine Zukunft ruinieren ...

Was war eine Lüge?

Daß ich homosexuell bin. So was nennt man Verleugnen, sie hat es total verleugnet. Sie fragte mich, ob mein Zimmergenosse, das war nämlich Neil, auch schwul wäre ... und ich sagte ja.

Hatte sie Neil kennengelernt?

Sie hatte Neil nicht kennengelernt. Sie wußte lediglich, daß ich mit einem Mitbewohner zusammen eine Bude bewohnte. Sie sagte dazu: «Vater wird nach New York kommen und dich aus dieser Wohnung herausholen.» Nun ... ich habe einfach laut losgelacht. Weißt du, sie konnte doch selber nicht ernsthaft glauben, daß er das tun würde. Wie auch immer, ihre Reaktion war seitdem, meine Sexualität total zu verleugnen.

Was machen deine Eltern beruflich?

Meine Mutter ist Fotografin, mein Vater ist leitender Angestellter. Sie leben beide in Florida. Dort bin ich auch aufgewachsen. Sie hatten immer schwule Freunde, solange ich denken kann ... Sie sind eigentlich auch immer links gewesen, hatten eine äußerst liberale Haltung gegenüber den meisten Fragen ... Ich war schockiert von ihrer Reaktion ... das heißt von der meiner Mutter. Mein Vater verhielt sich anders. Mein Vater rief mich später an dem Abend an, nachdem ihn meine Mutter mit einem panischen Anruf über meine Homosexualität informiert hatte. Er fragte mich, ob das wirklich stimmte, und ich sagte ja. Er konnte das einfach nicht begreifen, auf Grund meiner Vorgeschichte. Ich hatte wohl auf der High School diverse Freundinnen gehabt. Ich hatte sogar einmal eine vom College in den Ferien mit nach Hause gebracht. Da dachten die natürlich, ich wäre einwandfrei heterosexuell ... er konnte das jetzt überhaupt nicht fassen. Er kam danach regelmäßig nach New York, so am Wochenende, und ging mit mir essen und spazieren, um mehr über Homosexualität zu erfahren. Ironischerweise – oder kommt mir das nur ironisch vor – ging das Interesse, mehr darüber zu erfahren, von meinem Vater aus, und daraus hat sich ein viel engeres Verhältnis zwischen ihm und mir ergeben.

Er hat mir Dinge über sein Leben und über die Ehe mit meiner Mutter eröffnet, Dinge, die wohl die meisten Väter ihren Söhnen verschweigen würden, was daran lag, daß er einfach mehr über mich erfahren wollte, wer ich eigentlich bin und warum ich diese ... hm ... Verirrung habe, wie meine Mutter das nennt. Das hat die Beziehung zwischen mir und meinem Vater denn doch etwas belastet. Er mußte nämlich leider in dieser Frage Bindeglied zwischen mir und meiner Mutter spielen. Das hatte natürlich unangenehme Nebenwirkungen auch auf meine Beziehung mit Neil ... in der Hinsicht, daß ich nie wirklich das Gefühl hatte, daß sie anerkannt war. Nicht so sehr in bezug auf die öffentliche Moral, sondern ganz persönlich. Irgendwie brachten es beide nicht fertig – und meine Mutter wollte das auch gar nicht –, diese Beziehung gutzuheißen.

Hat einer von beiden jemals Neil kennengelernt?

Nein. Einmal kamen sie für eine Woche nach New York. Sie kommen so drei-, viermal im Jahr her. Eines schönen Tages – da wohnte ich schon ein Jahr mit Neil zusammen – sagte ich ihnen, daß ich mich ganz einfach nicht mit ihnen treffen würde, wenn sie nicht mit uns zusammen essen gingen und endlich Neil kennenlernten. Mein Vater war einverstanden. Er erklärte sich dazu bereit, allerdings widerwillig – er gab mir zu verstehen, daß er sich dabei unwohl fühlte, aber er sähe doch ein, daß es sehr wichtig für mich sei, deshalb wäre er einverstanden. Meine Mutter weigerte sich. Deshalb sagte ich ihr, daß ich sie beide nicht sehen wollte, solange sie nicht dazu bereit war. Und das habe ich auch gemacht. Als mein Vater das nächste Mal in New York war, wollte er Neil und mich zum Mittagessen einladen, aber ich hatte Grippe *(Lachen)* ... und dadurch kam es, daß sie sich nie kennenlernten, und ich glaube, ich hätte mich bei dem Treffen mit Neil genauso unwohl gefühlt wie sie.
Einmal gingen sie zu einer Vernissage ins *Museum of Modern Art*, und ich hatte auch eine Einladung. Ein Freund von mir hatte noch eine Einladung übrig, und da beschloß ich, wenn schon meine Eltern Neil nicht kennenlernen wollten, so könnte Neil doch meine Eltern zumindest *sehen*. Dieser Freund also nahm Neil auf die Vernissage mit. Ich war mit meinen Eltern hingekommen und zeigte sie Neil, und dar-

aufhin blieb er ihnen zwei Stunden lang auf den Fersen und belauschte ihre Gespräche.

Haben Neils Eltern dich jemals kennengelernt?

O ja, seine Eltern schon.

Wußten sie, daß Neil schwul ist?

Klar wußten die, daß Neil schwul ist. Sie mußten mit dieser Entdeckung schon fertigwerden, als Neil siebzehn war, und sie haben fünf oder sechs Jahre gebraucht, bis sie die Tatsache geschluckt hatten, daß Neil schwul ist.
Als sie mich kennenlernten, wußten sie, daß ich Neils Lover war; sie luden mich immer freitags abends zu sich nach Hause zum Essen ein. Ich war auch bei ihrer Seder-Feier ... seine Mutter rief mich immer zum Geburtstag an und wünschte mir alles Gute und so ... und ... na ja, ich denke, meine Beziehung zu Neils Mutter ... dieses wechselseitige Verstehen hatte wohl hauptsächlich mit der Reaktion *meiner* Mutter zu tun. Ich hatte ihr von der Reaktion meiner Mutter auf meine Sexualität ja schon erzählt. Sie dagegen hatte unheimliche Erfahrung im Umgang mit Neils Sexualität und empfand sich als eine Autorität auf dem Gebiet, wie Mütter mit der Sexualität, der Homosexualität ihrer Söhne umgehen sollten ... also gab sie mir Tips, wie ich mich meiner Mutter gegenüber verhalten sollte. Darüber haben wir meistens gesprochen. Sein Vater und ich waren sehr höflich miteinander, sehr warmherzig, sehr freundlich. Wir redeten nicht viel zusammen, aber ich empfand mich als Mitglied der Familie; sie waren gewissermaßen meine Schwiegereltern.

Du hast dich also durch die freundliche Aufnahme bei seinen Eltern anerkannt gefühlt?

In gewissen Grenzen. Ab einem bestimmten Punkt wird's schwierig, weil Neils Eltern ihren Sohn selber nie ganz akzeptiert haben ... als Person. Es ist fast so, als hätten sie Neil irgendwie aufgegeben, und daher haben sie ihn eben als das genommen, was er ist ... verstehst du ... ohne wirklich rückhaltlos hinter ihm zu stehen. Deshalb fiel es uns auch leicht, seinen Eltern gegenüber das zu sein, was wir waren. Und irgendwie habe ich das auch akzeptiert ... ich nahm wahr, es gab da eine gewisse Anerkennung unserer Beziehung, allerdings nicht die Art Anerkennung oder Wertschätzung, zu der ich erzogen worden bin, also ... mein Gott ... *(Lachen)*

Das ist aber einleuchtend.

Doch, ja ... weißt du, Neil hat die Erwartungen seiner Eltern nie erfüllt. Sie wollten, daß er Geschäftsmann wird mit einem richtigen Acht-Stunden-Job. Neil hat alle diese Äußerlichkeiten nicht, mit denen Eltern angeben können. Und ich hänge auch noch an diesen Vorstellungen. Weißt du, es bedeutet mir doch etwas, einen angesehenen Beruf zu haben, einen, der ...

... der dir eine öffentliche Position verschafft?

Nein, das meine ich nicht so sehr. Vielmehr einen Beruf, der in dieser Welt auch etwas bedeutet, in dem ich kreativ und auch einigermaßen nützlich sein kann. In einem weiteren Sinn, etwas kulturell Bedeutsames, nicht so eine individuelle alltägliche bürokratische Tretmühle. Mein Bruder ist Arzt, meine Schwester Rechtsanwältin. Die werden von meinen Eltern voll anerkannt. Ich zwar auch, aber eben nur insoweit, als ich diesen Job hier habe und in bezug auf das, was ich letztlich aus meinem Leben machen will.

Was hast du zur Zeit für einen Job?

Ich bin Redakteur bei einem Fotozeitschriftenverlag. Ich arbeite für ein Vierteljahres-Fotomagazin und für einen Verleger von ziemlich feinen Bildbänden.

Hattest du Probleme, weil Neil zwar auch eine kreative, sinnvolle Arbeit braucht, aber offensichtlich nicht die soziale Absegnung durch Institutionen und auch nicht die Sicherheit, die dir ein Acht-Stunden-Job hinsichtlich deiner gesellschaftlichen Position verschafft?

Am Anfang nicht. Ich habe viel Respekt für Neils Schreiben, auch für seinen Ehrgeiz, Schriftsteller zu werden. Es begann mich erst später zu stören, daß er nicht die gleichen kulturellen Maßstäbe hatte wie ich. Ich wäre zum Beispiel sehr beeindruckt, wenn er im *New York Review of Books* oder im *Partisan Review* veröffentlichen würde, oder etwas in dem Stil. Ich glaub, ich hab eine Schwäche für solche Publikationen, die in Akademiker- oder Profi-Kreisen, also in intellektueller Hinsicht, Achtung genießen. Wenn er angefangen hätte, für solche Art Zeitschriften zu schreiben, hätte ich sein Bedürfnis und seinen Wunsch zu schreiben weiterhin bewundert. Leider arbeitete er an zwei Romanprojekten gleichzeitig, während wir zusammenlebten, und das ging erst auch ganz ernst und zielstrebig voran und monatelang sehr gut. Aber nach der ersten Niederschrift, nach etwa vier Monaten, gab er auf und schmiß den Kram hin. Und da habe ich so langsam einsehen müssen, daß er nicht das Durchhaltevermögen hatte, das ich anfangs so an ihm bewunderte ... äh, ich weiß nicht, ob das deine Frage beantwortet. Mich hat es nicht in dem Sinne gestört, wie es meine Eltern stören würde, wenn ich nicht diesen Job in dieser bekannten Firma hätte. Ich bin nun einmal auf Dinge hin erzogen worden, die Prestige in der Welt bedeuten, und kraft des Prestiges verschaffen sie einem eben auch Befriedigung. Ich sehe schon ein, daß das meistens nicht stimmt; aber irgendwo im Hinterkopf habe ich doch diese Indoktrinierung meiner Eltern. Ich kann gar nichts dagegen machen, daß ich das auch auf Neils Schriftstellerei jetzt übertrage.

Bist du ärgerlich geworden, weil er das nicht zu Ende gemacht hat?

Ja, ich wurde richtig sauer. Neil jammerte dauernd, daß er nicht arbeitete, daß er nichts veröffentlichte, und ich erklärte ihm dann eben, daß ihn keiner verlegen würde, solange er nicht hart daran arbeitete, daß er nicht erwarten könnte, in vier Monaten einen Roman zu schreiben. Er kann doch nicht einfach eine Rohfassung machen und glauben, nun sei er fertig ... und vielleicht auch noch verlangen, daß es einer liest oder lesen will. Weiß doch jeder, daß das ein Haufen Arbeit ist. Und langsam kam es mir vor, als hätte Neil viel mehr den Wunsch, publiziert zu werden, als zu schreiben, irgendwie ... ich fragte mich langsam ernsthaft, was ihn eigentlich wirklich motivierte. Ich meine, wie er sich selbst überhaupt sah, für wen er sich hielt und ob seine Selbsteinschätzung und -darstellung der Wirklichkeit standhalten würden.

Was empfandest du, als Neil in dieser Schwulen-Sendung im Radio auftrat und sich in diesem besonderen – nicht sehr respektablen – Subkulturmilieu einen Namen machte?

Nun, ich habe diese nicht sehr respektable Subkultur sogar sehr bewundert. Die sechziger Jahre hatten ihn ja sehr geprägt. Als Neil mit der Radio-Sendung anfing, fand ich das ganz toll. Ich fand, das war wirklich ein passender Ort für ihn, wo er über viele seiner Theorien und über seine eigenen Erfahrungen in der Schwulenszene reden konnte. Ich hielt es auch irgendwie für nützlich für die Leute, und er hatte auch eine Menge guter Ideen und hat auch wirklich Zusammenhänge gut aufgezeigt, so mit Songs und Artikeln und seinen Analysen der schwulen Kultur. Aber nach und nach wurde mir klar, daß Neil es mehr genoß, einen Namen zu haben als den gesellschaftlichen Auftrag dahinter. Ich hatte ihn in diesem Job immer als eine Art Apostel für die schwule Welt begriffen. Nicht als Missionar, aber als Sprecher, als Sprachrohr der schwulen Kultur. Aber irgendwie fuhr Neil auf sein eigenes Radioimage ab, und der Umstand, daß er diese Persönlichkeit war, stieg ihm unheimlich zu Kopf, anstatt daß er jemand gewesen wäre, der für den schwulen Lebenszusammenhang da ist und ihm gegenüber ein Gefühl der Verantwortung hat ... Das alles ging mir langsam auf die Nerven *(Seufzen – lange Pause)* ... nun ja ...

Hattest du das Gefühl, daß er deine Arbeit respektiert?

Ja, ich denke schon. Aber ich arbeitete weniger als Neil, in bezug auf meine eigene Arbeit, also Fotografieren und Zeichnen, weil ich ja einen Acht-Stunden-Job hatte.

Wie war das mit dem Acht-Stunden-Job? Empfandest du ihn als eine miese Art, Geld zu verdienen, oder ...?

Nun, ich brauchte ihn ja. Ich mußte Geld verdienen. Ich sah den Job aber auch als die unterste Sprosse auf der Erfolgsleiter, auf dem Weg zu einer Karriere, die mit Fotografie zu tun hat. Ich arbeitete damals bei *Time-Life* im Bildarchiv, in der Bildredaktion, ich suchte Bildmaterial aus ... dadurch hatte ich ständig Verbindung zu dem, was ich eigentlich tun wollte. Trotzdem verbrachte ich achtzig Prozent meiner Zeit damit, weil ich nun einmal von etwas leben und etwas essen mußte, und wenn ich schon Geld verdienen muß, dachte ich mir, dann mit etwas, was in mein eigenes Lebenswerk einfließt. Aber der Job ließ mir nur wenig Zeit, meine eigenen Fotos zu machen oder zu zeichnen. Ich studierte auch noch nebenbei, abends an der New York University.

Fotografie?

Nein, *Vergleichende Ästhetik*, was ja ein bißchen esoterisch war, etwas abstrus. Ich arbeitete also von neun bis fünf – eigentlich von zehn bis viertel nach fünf – und ging zusätzlich zweimal wöchentlich zu meinen Abendkursen, und kam dadurch kaum dazu, mich mit meinen eigenen Sachen zu befassen. Neil hatte sehr großes Vertrauen in mein Talent. Er hielt mich für wirklich begabt, aber wohl für zu jung, um das ernst zu nehmen. Er entschuldigt meinen Mangel an Disziplin damit, daß ich eben noch jung war, grad Anfang Zwanzig, und daß ich versuchte, mich in der Welt zurechtzufinden.

Wirkte seine Einstellung gegenüber deiner Fotografie hilfreich, wohltuend, anregend auf dich?

Nein, seine Einstellung zu meiner Fotografie war sehr persönlich. Vor allem deshalb, weil ich, solange wir zusammenlebten, die meisten Fotos von *ihm* machte. Es war schwer für ihn, die Fotos wirklich als Fotos zu sehen. Er nahm sie viel mehr als Bilder von sich wahr. Und die Kriterien, wonach er die Fotos beurteilte, hatten mehr damit zu tun, ob er *sich* darauf leiden mochte, und nicht, ob ihm die Bilder an sich gefielen.

Wie war deine Einstellung gegenüber seiner Schriftstellerei? Hast du gelesen, was er schrieb. Ich sehe da eine irre Parallele: Neil hat mindestens einen Roman über dich geschrieben – und du hast deine Fotos mit ihm gemacht.

Neil hat diesen Roman drei oder vier Monate nachdem ich eingezogen war, angefangen. Ich las die Kapitel fortlaufend, sowie er sie schrieb, und ich dachte, ich würde mich wirklich kritisch auseinandersetzen mit seiner Art zu schreiben – dabei reagierte ich auch bloß auf mich, also auf die Figur des «Philip» in seinem Roman. So ziemlich in der gleichen Weise wie er auf meine Fotos von ihm reagierte. Ich redete über den Satzbau oder *gab zumindest vor*, über den Satzbau und sowas alles zu reden. In Wirklichkeit meinte ich bloß, daß mir die Art, wie er mich darstellte, nicht gefiel. Keiner von uns war ein guter Kritiker für die Arbeit des anderen, das steht fest. Das hat zum großen Teil damit zu tun, daß wir beide in der Arbeit des anderen vorkamen. Er schrieb einen Roman über mich, ich fotografierte ihn. Wir waren sehr ineinander verstrickt. *(Lachen)*

Du hast erzählt, Neil hätte dich in deiner Arbeit nie gefordert, weil er glaubte, du bist dafür noch zu jung und unausgegoren, noch nicht mit beiden Beinen auf der Erde. Hat dich das genervt?

Nein. Es war eine Art Entschuldigung, die mir gefiel. Im selben Maß wie Neil akzeptierte, daß ich noch jung und in meinem Handwerk noch nicht so richtig zu Hause war, schlug ich mich pausenlos herum mit Frustrationen, Unruhe und Schuldgefühlen, weil ich nicht so viel arbeitete, wie ich hätte sollen. Ein Teil meiner Reaktion darauf, daß Neil für meine Begriffe zu wenig arbeitete, war meine eigene Projektion – ich projizierte mein gesamtes Schuldgefühl auf ihn. Total. *(Lange Pause)*

Willst du zum nächsten Foto übergehen?

5

Okay ... Dieses Foto (5) ist wahrscheinlich das einzige von mir, das ich wirklich mag, Neil hat es aufgenommen. In erster Linie ist es, glaube ich, ein Foto, das mir ähnlicher sieht als alle anderen. Außerdem finde ich es sehr schmeichelhaft. Von allen Fotos, die Neil von mir gemacht hat, kommt es meinen eigenen Vorstellungen von mir am nächsten. *(Pause)* Wenn ich vorhin sagte, daß es schmeichelhaft ist, so vermutlich deshalb, weil ich finde, ich sehe ziemlich gut aus. Und dieses Bild hier verstärkt das irgendwie. Ich muß noch dazusagen – das ist zwar nebensächlich, aber trotzdem wichtig –, daß ich das Bild selbst entwickelt habe, und als ich sah, wie es in der Entwicklerwanne langsam Gestalt annahm, durchschoß es mich wie ein Blitz; ich wollte diese Person ficken – die ich selbst war. *(Heh)* Tja ... ich wußte nicht so recht, wohin mit diesem Gefühl. Das heißt, ich kam damit überhaupt nicht klar.
Das Foto wurde in dem Wald in Connecticut aufgenommen, wo Neil und ich ein Wochenende verbrachten. Ein Typ, den Neil vor zwei Jahren kannte, rief ihn an und lud ihn zu einem Dreier mit ihm und seinem Freund ein. Neil sagte, er hätte selber auch einen Lover. Der Typ hatte mich noch nie gesehen, sagte aber, er vertraute auf Neils Geschmack, wir sollten also alle beide kommen und das ganze Wochenende mit ihnen einen flotten Vierer durchziehen. So fuhren wir also hin. Ich hatte fürchterlichen Bammel vor der ganzen Sache. Neil und ich hatten ein halbes Jahr vorher schon mal so eine Vierergeschichte gemacht, und das war ein kompletter Reinfall gewesen. Ich bin fast ausgeflippt, vor allem deshalb, weil die beiden Typen mehr auf Neil abfuhren als auf mich.
Als dieses Foto gemacht wurde, lebten wir seit ungefähr einem halben Jahr zusammen. Ich hatte unheimlich Angst, wahrscheinlich weil ich mich da in die Fänge von diesem Typ begab, der mit Neil zwei Jahre vorher was gehabt hatte und Neil für 'ne heiße Nummer im Bett hielt, weißt du? Ich wußte, daß der unheimlich auf Neil stand. Ich hatte während unserer Beziehung inzwischen gemerkt, daß Neil und ich völlig verschieden sind und daß wir völlig verschiedene Leute an-

zogen. Und es konnte gut sein, daß dieser Typ, wenn er echt auf Neil stand, auf mich vielleicht überhaupt nicht stehen würde. Das hätte bedeutet, daß ich wieder in dieselbe Position geriet wie bei dem Vierer ein halbes Jahr vorher, wo ich so durchgedreht bin. *(Lachen)* Weswegen ich dann anfing, zu so einem Psycho-Fritzen zu laufen – oder zumindest war das der Auslöser. Wir fuhren also nach Connecticut, und ich war auch fest entschlossen, weil ich mich testen wollte. Aber es stellte sich sogar heraus, daß der andere Typ, der Neil nicht kannte, unheimlich auf mich abfuhr. Und als schließlich Sex angesagt war, haben wir dann Pärchen gebildet – im selben Bett wohlbemerkt, aber der andere Typ, Bob, war mit mir zusammen, und Frank mit Neil. Und Bob und ich haben unheimlich losgelegt. Neil hat sich dann letztlich doch ziemlich bedroht gefühlt. Am nächsten Morgen, als ich aufwachte – Neil und ich hatten ein eigenes Zimmer –, da schlief Neil noch, und ich ging hinüber ins andere Zimmer und bumste wieder mit dem anderen Typen; danach ging ich wieder zurück in unser Schlafzimmer, und Neil mußte unbedingt mit mir bumsen. Ich glaube, das hatte alles damit zu tun, daß Neil sich bedroht fühlte. Später am Vormittag gingen wir spazieren, und dabei ist dieses Foto entstanden. Im Wald war es sehr sehr idyllisch und sehr romantisch; es war wirklich ein Wieder-Zueinanderfinden.

Hat er nichts gesagt, daß er sauer ist?

Erst ein paar Tage später. Er kam darauf zu sprechen, daß er sich sehr bedroht fühlte ... Und, zugegeben, irgendwie habe ich diesen Racheaspekt doch sehr genossen. Ich wußte zwar nicht vorher, daß alles so kommen würde, aber ich war froh darüber, denn ich wollte, daß Neil mal merkt, wie das ist, wenn man sich bedroht fühlt. Ich wollte, daß er begreift, was es heißt, Angst zu haben, das Gefühl der Verlorenheit zu spüren, sexuell bedroht zu sein, wenn die ganze eigene Sexualität auf der Probe steht ... denn genauso hatte ich mich ein halbes Jahr vorher bei dieser Vierergeschichte gefühlt. Neil hatte dadurch damals ziemliche Kontrolle über mein Denken bekommen, eine ziemliche Macht, sexuelle Macht, die ich nach meiner Meinung überhaupt nicht hatte. Und bei diesem Vierer in Connecticut war es genau umgekehrt. Ich hatte sexuell eine ziemliche Macht und ich genoß diese Macht und brauchte sie auch. Eine der Hauptantriebsfedern in meinem Leben ist Sex, ich sehe mich selbst auch als sehr sexuell, aber während der ersten sechs Monate unserer Beziehung hatte ich so eine sexuelle Macht nie gespürt. Das hat mir seelisch unwahrscheinlich zugesetzt, ich hatte ein richtiges Trauma. Neil fotografierte mich so richtig als Botticelli-Figur. Und darüber habe ich mir so meine eigene Theorie gemacht: weil er sich so bedroht fühlte, mußte er sich ein Phantasiebild oder eine Illusion von mir schaffen, und in diese Phantasiegestalt war er mehr verliebt als in mich, oder mehr als er mich liebte. Wie er ja auch dieses Bild von mir liebt. Er betet es richtiggehend an ... Unsere ganze sexuelle Beziehung lebte aus der Dynamik, daß man in Neil nicht eindringen durfte. Ich meine, es fiel ihm schwer, seine Kontrolle aufzugeben, sexuell gesehen. Seine sexuelle Triebkraft lebt im allgemeinen daraus, daß er immer die Kontrolle behalten muß. Neil war der erste, der je in mich eingedrungen ist, und ich habe das als sehr schön empfunden. Ich meine, vorher hatten das schon zwei, drei andere versucht, aber da konnte ich überhaupt nicht. Ich konnte es einfach nicht geschehen lassen. Und Neil drang in mich ein am Tag nach unserem ersten Vierer, als ich ihn wirklich brauchte ... das heißt ... ich fühlte mich wirklich bedroht durch den Umstand, daß er auf die anderen Typen anziehender gewirkt hatte.

Als er in mich eindrang, war ich dafür sehr empfänglich, und ich hab ihn unheimlich gebraucht. Ich glaube, während der Beziehung ist Neil ganz schön oft in mich eingedrungen, und ich habe mir Gedanken gemacht über diese Rollenaufteilung, was es heißt, derjenige zu sein, der eindringt, der Ficker – also «Der hat jemand gefickt» oder «Der ist bös gefickt worden». Ich habe mir alle möglichen Hypothesen im Kopf zurechtgelegt. Ich begann mich als denjenigen zu sehen, der gefickt wird, und zwar im Sinne von «bös gefickt», reingelegt. Das hat noch viel mehr bedeutet im Zusammenhang mit der Rollenbildung. Ich war in der Beziehung die Frau, und er war der Mann. Und das drang in mein Leben ein und zog sich durch und bestimmte, wie ich selbst mich sah. Ich fing an, mich als sehr feminin zu sehen. Ich konnte nicht mehr selbst ficken, nicht mal mehr in einer Sauna oder wenn ich loszog, um jemanden aufzureißen, ich verlor mein ganzes Selbstvertrauen und hatte das Gefühl, ich könne nie so ficken, wie Neil mich ficken konnte. Anders gesagt: ich konnte selber nicht mehr ficken, ich konnte mich nur noch ficken lassen. Und also büßte ich meine Männlichkeit ein, das Maskuline, und wurde sehr feminin. Ich *fühlte* mich sehr feminin, obwohl ich nie wirklich feminine Körperhaltungen und -gesten annahm, noch als besonders feminin wahrgenommen wurde, aber das hat doch meinen Eindruck von mir selbst lange Zeit entscheidend geprägt. Für unsere Beziehung war das sehr destruktiv.

Während ich in diesen Gefühlen steckte, hatte ich gleichzeitig eine Menge politischer Theorien – schwule politische Theorien –, die damit zu tun hatten, daß man nicht die Leitlinien und Wegweiser aus den Hetero-Beziehungen übernehmen sollte. Also zum Beispiel keine Rollenmuster. Wir mußten uns alles selber schaffen und aufbauen, das sollte nicht so etwas sein wie männlich-weiblich oder beherrschend-unterlegen und all dies Zeugs, das meistens bei heterosexuellen Beziehungen herauskommt. Und trotzdem funktionierte ich selber nach heterosexuellem Muster, konstruierte Mann-Frau-Muster in der Beziehung, die in krassem Gegensatz zu dem standen, was ich predigte; und was letztlich dazu führte, daß ich die ganze Beziehung hindurch einen echten Schizo lebte, denn emotional sah es bei mir ganz anders aus als in meiner Theorie. Abgesehen davon empfand ich Neil immer als viel sexueller als mich selbst, weil ich mich ja sehr feminin fühlte und gar nicht darauf stand. Und weil ich nicht so war, daß ich auf mich stehen konnte, empfand ich mich als überhaupt nicht sexuell.

Obwohl du, als du das Foto sahst ...

... ja, obwohl ich diese Person auf dem Foto ficken wollte. Was mir ein zwiespältiges Gefühl machte. Mir gefiel die Vorstellung und gleichzeitig haßte ich sie. Denn es hieß ja auch, daß ich absolut jemand zum Ficken war, was gleichzeitig hieß, ich war sehr feminin. Und das wiederum verstärkte alle meine negativen Gefühle über mich selbst. Trotzdem gefiel mir, wie ich aussah, und es gefiel mir auch, jemanden dazu anregen zu können, mich zu ficken. Auf jeden Fall aber war ich da ziemlich schizophren.

Glaubst du, daß das hauptsächlich von Neil ausging, daß er dich in diese weibliche Rolle gedrängt hat?

Nein, das ging von mir selbst aus, rührte aber von der Art her, wie ich Neil wahrnahm. Dadurch kam es letztlich ja doch wieder von Neil, obwohl auch ich Neil in seine Rolle gedrängt habe. Aber die Rolle wollte Neil auch gern haben. Ich weiß nicht, ob ich mehr für seine Rolle verantwortlich bin als er selbst. Neils Bild von sich selbst ist ja unheimlich maskulin – er ist der Kerl. Genauso sieht er sich. Sehr erfahren, sehr weltläufig, sehr selbstgenügsam. Einer, der auf sich selbst aufpassen kann und gut mit sich selbst zurechtkommt. Das ist Neils Bild von sich selbst.
Aber ein Teil des Problems kam ja daher, daß ich mich mächtig darüber ärgerte, obwohl mich diese Dinge bei Neil ja auch wieder stark anzogen, und er war vieles von dem, was ich *nicht war*, und ich wußte das auch. Ich sehe nicht aus wie ein Kerl. Ich seh wirklich ganz anders aus. Ich war nicht selbstgenügsam, als ich ihn kennenlernte, ich suchte mir gerade einen Job und bekam noch Geld von meinen Eltern. Ich wußte eine Menge von dem nicht, was Neil wußte; er wußte viel darüber, was in der Schwulenszene los war und wie sie funktionierte, was ich nicht wußte. Er hatte in London studiert, war viel herumgereist, und ich nicht, und ähnliches mehr. Das alles wollte ich durch ihn nachholen. Ich wollte auf seinem Stand sein. Ich wollte mich auch so selbstgenügsam fühlen,

so zufrieden mit mir selbst, ich wollte auch Kerl sein. Weil ich das alles anziehend fand. Ich hab da meine eigene «Narzißmustheorie»: nämlich, daß mich all das anzieht, was ich selber sein möchte. Aber ich komme nicht klar mit der Kluft zwischen dem, was ich sein will, und dem, was ich bin. Das sind eben zwei ganz verschiedene Dinge. Ich glaube aber, ich bin heute schon viel mehr von dem, was ich sein möchte, und viel näher an der Idealvorstellung, die Neil erfüllt hat, als je zuvor. Ich bin jetzt auch in dem Alter, in dem Neil war, als er mich kennenlernte. Ich bin jetzt fünfundzwanzig, und er war fünfundzwanzig, als ich ihn kennenlernte.
Es gab einen Haufen Konkurrenz, ich wollte sein, was er war, und das lag daran, daß ich noch nicht so weit war wie er. Die Konkurrenzkiste zog sich durch, indem ich Neil älter sah, als er in Wirklichkeit war, und er mich jünger machte, und indem ich mich als eher feminin wahrnahm und das gar nicht ausstehen konnte.

Hast du dir mal irgendwann einen Bart wachsen lassen?

Ein paar Monate nach meinem Einzug fing ich an, mir einen Bart wachsen zu lassen, und sah absolut albern aus. (*Lachen*) Ich meine, ich sah absurd aus; so, als ob ich aussehen wollte wie Neil, und ich hatte auch das Gefühl, ich wollte Neil werden. Das war ein echter Schizo. Also, das ging alles genau gegen mich. Ich konnte keinen Bart tragen; ich sah einfach albern aus. Schluß, aus. Wie ein Vierzehnjähriger, der sich auf achtzehn oder zwanzig trimmt.

Laß uns auf Neil kommen.

Ja. Dieses Foto (6) ist zur gleichen Zeit aufgenommen worden wie das Aktfoto von mir in Connecticut. Wenn man das Bild als Außenstehender betrachtet, dann sieht man jemanden im Zustand größten Schreckens, in einem absoluten Schock. Ich kenne ja die Hintergründe – der berühmte Vierer in Connecticut – und sehe einen psychisch völlig aufgewühlten Neil. Er muß sich wirklich bedroht gefühlt haben, das ist keine Pose da. Er hat seine Füße wirklich so eingerollt, als diese Katze

vorbeiging, und er hatte echt Schiß ... völlig aus dem Gleichgewicht. So habe ich ihn damals auch empfunden. Neil sprach auch nie darüber; er verkroch sich ganz in sich und wurde richtig feindselig gegenüber dem Typen, der sich für mich interessierte. An jenem Nachmittag gingen wir drei – Neil nicht, nur die anderen beiden und ich – zum Schwimmen in einem Fluß in der Nähe. Neil wollte nicht mitkommen. Morgens wollte er schon abreisen. Er packte das alles nicht mehr. Wir mußten also den Nachmittags-Bus nehmen oder so. Die anderen machten gerade Abendessen, aber er wollte unbedingt weg. Er war fertig mit der Welt. Er wollte aber partout nicht drüber reden, bis er ein paar Tage später endlich sagte, daß er sich bedroht gefühlt hätte.
Die nächsten drei Fotos fassen wohl die drei Seiten von Neil zusammen, in die ich mich verliebt habe und die ich noch immer an ihm liebe. Bild 7 zeigt eine Art resoluter Verletzlichkeit, die Neil nicht allzu oft durchscheinen ließ. Dadurch drängte er mich in die Rolle des Opfers, daß er sie nie durchscheinen ließ. Das war auch so eine Rolle, die ich in Neil hineinkonstruiert hatte, daß er sehr selbstgenügsam wäre und nicht besonders verletzlich. Obwohl ich natürlich irgendwo

6

wußte, daß das nicht stimmte und daß er auch eine reale Person sein mußte mit realen Gefühlen und Verletzlichkeiten, nahm ich das nur selten wahr. Das heißt, er ließ das auch nicht sehr oft durch, denn er belebte diese Rolle, dieses Wunschbild, das ich von ihm haben sollte. Es gefiel ihm, wie ich ihn sah. Nun gut. Aber da war noch etwas, an das ich mich erinnere ... Neil hatte im ersten Monat unserer Bekanntschaft ein Lächeln, das mich sehr ... er hat es später nie wieder gehabt. Es war ein Lächeln aus der Verunsicherung, ein versuchtes Lächeln. Und es war etwas, was ich seither nie wieder bei ihm gesehen habe ... nie wieder ... das ist mir auch erst kürzlich wieder eingefallen. Dieses Lächeln. Ich hatte es ungefähr zweieinhalb Jahre lang vergessen. Das Lächeln war seine Verletzlichkeit. Es war ein halbes Lächeln, ein versuchtes Lächeln, und sehr verängstigt.
Dieses Foto hier zeigt meiner Meinung nach die gleiche Verletzlichkeit. Und nur wegen dieser Verletzlichkeit konnte ich mich in ihn verlieben, denn deswegen wußte ich, daß er eine reale Person war und daß er mich tatsächlich genauso brauchte wie ich ihn. Und das mußte ich wissen. Dieses Foto, also alle drei Fotos wurden bei einem Trip nach Provincetown aufgenommen. Es war im Frühherbst, ein knappes Jahr nachdem wir uns kennengelernt hatten. Wir lebten bereits ungefähr neun oder zehn Monate zusammen. Neil hatte einen Unfall gehabt; er war im August von einem Auto angefahren worden. Er lag ungefähr eine Woche im Krankenhaus. Ich war innerlich ganz aufgelöst, weil er im Krankenhaus lag, und immer wenn er sagte, er hätte Schmerzen, kamen mir die Tränen. In dem Zustand war er äußerst verletzlich. Unser Trip fand Ende September statt, eine Art Erholung, Genesungsurlaub vom Unfall. Und dadurch war er damals wirklich auf mich angewiesen. Er konnte nicht lange herumlaufen, ohne daß ihm schwindelig wurde; sein Kopf hatte auch was abbekommen. Dieses Foto ist von damals, und er sieht darauf sehr verwundbar aus. Ich meine, ganz wirklich. Es ist ein offenes, ehrliches Bild.

7

Die meisten Fotos von Neil sind gestellt, weil Neil gewöhnlich vor der Kamera immer Posen annahm. Sowie ich die Kamera ans Auge hielt, nahm er augenblicklich eine Pose ein.

Aber Neil liebt Posen, er posiert auch, wenn keine Kamera in der Gegend ist.

Ja, stimmt, sogar ohne Kamera. Ein Teil von Neil posiert. Das ist auch der Zug, der mir an ihm nicht gefallen hat, obwohl ich manche Pose mochte ... Aber jetzt zu Neils Bild: es ist ein verletzliches Bild. Mir gibt das Hinweise auf Neil als Kind, und wir haben ja in unserer Beziehung auch häufig so eine Babysprache gesprochen. Wir hatten unsere eigene Sprache, in der wir miteinander redeten. Wir hatten auch Kosenamen füreinander. Er war *Baby Ween* und ich *Ween Duck*. Wir hatten sogar Stimmen für diese Figuren und eine ganze Menagerie von unsichtbaren Tieren und Menschen, die immer mit uns ins Bett gingen. *(Ha ha)* Das war in vielerlei Hinsicht sehr zärtlich und es war wohl irgendwie ein einzigartiger Ausdruck unserer Intimität, denn es war *unsere* Sprache und nur unsere allein: also wir konnten mit anderen Leuten bumsen, wir konnten mit anderen Leuten über alles reden, aber *das hier* gehörte uns allein. Es war etwas, was einzig und allein uns gehörte. Ich sah Neil auch ziemlich oft als Kind. Ganz entgegen meinem sonstigen Bild von ihm als starker Mann war er dann dieser kleine Junge. Ich liebte diese Gestalt, ich war vernarrt in sie. Ich hatte darüber auch so meine Theorien, es kam mir so vor wie eine Art Kameradschaft unter Dreijährigen, wie eine neue reine Freundschaft. Ich weiß nicht, wie ich das beschreiben soll. Ich habe uns oft als kleine Kinder gesehen, weißt du, die sich ganz rein liebhaben und zusammen spielen und Spaß haben. Diese Vorstellung hatte ich oft, ganz blitzartig sah ich Neil als dreijähriges Kind, und ich hab mir ganz oft versucht vorzustellen, wie er als Dreijähriger wohl gewesen war. Ich machte mir kleine amüsante Phantasiebilder, wie er wohl ausgesehen haben muß. Was die psychologisch zu bedeuten haben, weiß ich nicht genau. Aber ich mochte es, wenn wir in unserer Babysprache redeten. Dieses Bild hier ist für mich irgendwie die Verkörperung des dreijährigen Neil in seinem verwundbarsten Augenblick, wo er mich wirklich braucht – damit hat es wohl ganz viel zu tun, mit diesem Gefühl, daß er mich wirklich braucht. Deshalb habe ich mir ja auch all diese Tagträume gezimmert. Ich glaube, in Wirklichkeit brauchte er mich nicht sehr oft. Je länger unsere Beziehung dauerte, desto mehr gerieten wir in diese babyhafte Sprechweise hinein. Und sehr oft nahmen wir das als Ausflucht, um uns eben nicht mit anderen Dingen zu befassen, die eigentlich wichtig gewesen wären. Es grenzte schon fast an Verrücktheit, meine ich. Er rief mich zum Beispiel während meiner Dienstzeit am Arbeitsplatz an. Ich ging ans Telefon und sagte «Hallo», und er antwortete mir mit seinem Babystimmchen «Hi!». Ich kann das gar nicht nachmachen. Und ich redete mit ihm in einer normalen Stimme weiter, aber wenn ich aufgelegt hatte und irgend jemand im Büro mich etwas fragte, antwortete ich dem mit Babystimme «Wat denn wat denn?». Die Sache wurde etwas eigen. Verselbständigte sich wohl irgendwie. Aber es war sehr zärtlich, es war einzigartig für unsere Beziehung. Es war der typische Ausdruck unserer Intimität. Deshalb hab ich dieses Bild so gern. Es erinnert mich auch an Neils Zögern mir gegenüber ganz zu Anfang; er begehrte mich wirklich unheimlich, und sein Lächeln war zögernd genug ... und verwundbar genug, um mich das merken zu lassen. Ich rede eigentlich nie über die Sachen ... Mensch, ich glaube, ich mußte erst wieder darauf gestoßen werden, daß ich ihm einmal sehr viel bedeutet habe, und als er mir seine Verwundbarkeit zeigte, war das für mich ein Zeichen, ein Signal, daß er mich wirklich brauchte, und das mußte ich wissen. Er hat das nicht so oft gezeigt, wie ich gebraucht hätte, und ich hätte das bestimmt schön gefunden. Deshalb also liebe ich dieses Foto.

(8) Das ist Neil vor dem Eingang des Hauses, in dem wir wohnten. Hier posiert er mal wieder. Eindeutig. Das heißt, er hat sich kostümiert, so 'ne Art dreißiger oder zwanziger Jahre, à la Literaten in Paris, Proust, Pound, Hemingway ... Neil steht sehr auf Geschichte ... er hat Geschichte studiert, und Literaturgeschichte fasziniert ihn unheimlich, also verkleidet er sich wie Figuren aus der Geschichte. Dieses Foto ist typisch dafür, für seine exzentrische Art allgemein ... für mich ist er sehr exzentrisch. Er hat eine Menge Angewohnheiten, die ich faszinierend und aufregend fand, das heißt, es sind gar keine Angewohnheiten, eher Hobbies. Dinge, die mich eigentlich nicht interessierten; aber mich faszinierte, daß sie ihn interessierten. Eine Zeitlang hat er alte linke Anstecker gesammelt. Er durchstöberte Läden und Trödler in der ganzen Stadt nach diesen Ansteckern. Und ich war ganz baff von der Ausdauer, mit der er hinter diesen Dingern her war. Er hat sich da voll reingesteigert. Das machte mich neugierig auf seinen Charakter, und darauf, was seine Persönlichkeit eigentlich ausmacht.

Er sammelt auch Erstausgaben von Büchern und hat sich mit mehreren Buchhändlern in der Stadt richtig angefreundet. Er liest ziemlich viel, auch eine Menge Zeugs, das mich nicht sonderlich interessiert, obwohl ich einsehe, daß es durchaus lesenswert ist. Er liest einen Haufen Biographien, und ich interessiere mich nicht für Biographien. Aber es beeindruckt mich, daß er sich hartnäckig dafür interessiert, und das sind außerdem Biographien von Leuten, auf die ich scheiße, zum

Beispiel Horace Greeley, Edith Sitwell und Alma Mahler. Das verwirrt mich, daß er das kann, daß er sich dafür begeistert. All das zusammen macht ihn wohl irgendwie exzentrisch und irgendwie glamourhaft für mich. In diesem Bild ist das alles eingefangen.

Meinst du mit exzentrisch bohemienhaft-intellektuell?

Irgendwie ja ... das ist nur ein Teil davon, aber nicht alles. Es gibt noch mehr Exzentrisches. Er ist zwar ein bohemienhafter Intellektueller, aber er nimmt auch gesellschaftliche Prozesse und Bewegkräfte sehr bewußt wahr, er bezieht sich darauf, wie die «wirkliche Welt» funktioniert. Er versteht das alles durchaus und weist es einfach zurück ... und er lebt freiwillig am Rand der Gesellschaft, nicht bloß naturwüchsig, weil er so ist – er hat die Wahl selber getroffen. Und dieses Foto hier faßt das alles zusammen, meiner Meinung nach.

Wollen wir zum dritten Foto übergehen?

Ja. Das dritte ist ein weitaus schwererer Brocken für mich ... (9). Immer noch der Trip nach Provincetown. Wir waren beide am Aufreißen von Typen. *(Lachen)* ... Das ist, glaube ich, das schwierigste Kapitel in unserer Beziehung. Mit schwierig meine ich, es ist der ungelösteste und verwirrendste Teil für mich und vermutlich auch das, was am meisten Ängste in Gang gesetzt hat bezüglich unserer gemeinsamen Sexualität ... also, wie wirkte und bezog sich Neil sexuell auf seine Umwelt, wie wirkte und bezog ich mich sexuell auf meine Umwelt, und was waren wir beide sexuell füreinander.
Meine Analyse ergibt ungefähr, daß Neils Sexualität von einem tiefen Schuldgefühl belastet ist und daß er sich eine sexuelle Persönlichkeit zurechtgelegt hat und aus dieser Rolle, diesem sexuellen Charakter heraus handelt. Dieser Charakter hat nicht viel mit dem wirklichen Neil zu tun, aber er funktioniert sehr gut für die sexuelle Umwelt. Also, er kann unheimlich gut jemanden anmachen und so weiter ... Ich bin ja auch auf seine sexuelle Tour reingefallen, was ich nie ganz

9

verwinden konnte. Bis heute nicht. Dieses Bild hält seine halb-satanischen, dämonischen Eigenschaften fest, das Geheimnisvolle, Dunkle, Nächtliche, Böse, das mich sexuell unheimlich anmacht. Der Jäger. Das ist ein Ausdruck von Neil, aber er läßt sich gut auf ihn anwenden. Das hat mich lange geärgert. Neil ist der Jäger. Und er kriegt auch, was er will, sexuell. Das Foto erinnert mich an so Typen wie James Dean, Brando: Lederjacke, Bart, kräftiges Aussehen und diese stechenden, ja *durchdringenden* Augen, das Finstere, – *take a walk on the wild side.* Ich glaube, unsere gesamte Beziehung über habe ich mich irgendwie geärgert, daß ich sexuell auf ihn abfuhr. Ich war richtig sauer auf ihn. Warum? Es hielt mir immer vor Augen, daß ich nie mein sexuelles Gegenstück sein könnte, die Art Mann, auf die ich abfuhr.

Welche?

Ich könnte nie so sein, ich könnte nie sexuell dämonisch, satanisch werden.

Warum stört dich das?

Weil ich es sein wollte. Weil es irgendwie ... also, es hatte etwas mit Kontrolle zu tun, und wenn man jemanden sexuell kontrollieren kann, sich jemanden sexuell unterwerfen kann, dann hat man offensichtlich auch eine gewisse Kontrolle über sich selbst. Ich hatte nie das Gefühl, daß ich eine wirkliche Kontrolle über mich selbst hätte. Und da war Neil und der konnte mich sexuell kontrollieren, der ... ich kriegte manchmal eine Erektion, wenn ich ihn nur anschaute. Diese Art von Macht hatte ich nie bei mir gespürt, sowas mit jemand anderem zu machen ... jemanden zu einer Erektion zu bringen, ins Bett zu locken, nur dadurch wie ich bin. Und Neil konnte das mit mir machen. Und das ärgerte mich, ich habe das gehaßt. Ich habe auch die Kontrolle gehaßt, die er über mich hatte, ich meine, seine Kontrolle habe ich verachtet. Ich wollte selber so eine Kontrolle haben.
Ich wollte dieselbe Kontrolle über Neil haben, die er über mich hatte. Verstehst du? Und da mich das anzog und mich kontrollierte, also dieses bestimmte Aussehen, wollte ich die Kontrolle selber haben. Gleichzeitig hat es mich gestört, während der ganzen Beziehung. Verachtet habe ich es. *(Lachen)* Aber auch geliebt. Es war richtig zweischneidig. Ein echter Schizo, soviel steht fest. Weiß du, ich habe ihn begehrt und mich dafür gehaßt. Ich wollte selber auch begehrt wer-

den. Das war mein Riesentrip, daß ich begehrt werden wollte.

Wie hat Neil auf dich reagiert, hat er dich nicht begehrt? Hat er nur gesagt, du bist schön?

Genau. Ich glaube, er hat mich nur ästhetisch verehrt. *Ästhetisch.* Aber das ist was ganz anderes als sexuell. Obwohl ich der erste Mensch in seinem Leben war, mit dem er eine dauerhafte sexuelle Beziehung hatte, und er hat immer protestiert, wenn ich sagte: «Du fährst gar nicht wirklich sexuell auf mich ab.» Er hat immer gesagt: «Das ist nicht wahr. Du bist der erste, mit dem ich eine lange Beziehung habe.»
Es ist wirklich kompliziert, weil Neil sexuell immer die Kontrolle behalten muß, und wenn er sie verliert, dreht er durch und funktioniert überhaupt nicht mehr. Er muß die Kontrolle haben, und das heißt, er muß sexuell die ersten Schritte machen. Und kompliziert wird es dadurch, daß ich ungefähr dreimal täglich Lust auf Sex habe. Also, ich bin echt im sexuellen Druck. Und wenn ich dann nicht bumsen kann, dann krieg ich einen Anfall. Neil nicht, der kriegt nie Anfälle.
Und weil ich immer auf Sex konnte und immer auf ihn scharf war, mußte ich ihn oft anmachen, und das hat er gehaßt. Also mußte ich immer so lange warten, bis er Sex wollte, und das war höchstens zwei- oder dreimal in der Woche. Das war mir nicht genug. Ich wollte mehr. Also gab es eine Menge Probleme. Ich versuchte, ihn noch öfter anzumachen, und er wies mich zurück. Und immer wenn er mich sexuell zurückwies, dachte ich sofort, daß er mich sexuell nicht anziehend fand.

Hast du mal versucht, ihn zu verführen?

Ja. Und manchmal hat es sogar geklappt. Neil hat viel Energie; unglaubliche Mengen Energie. Aber mit vierzig wird er ausgebrannt sein. Wenn er morgens aufwacht, ist er fünf Minuten später auf den Beinen und fertig zum Weggehen und Herumflitzen. Er macht eine Menge Sachen im Laufe des Tages und steckt viel Energie in alles, was er macht. Und wenn ich abends nach Hause kam, hatte er bereits achtzig Prozent

seiner Energien verbrannt mit irgendwas. Manchmal hatte er auch gebumst, sehr oft sogar hatte er tagsüber schon gebumst. Das war die andere Sache. Das war das eigentliche Problem. Ich fühlte mich immer angeschissen und sagte dann: «Hör mal, du bist angeblich nicht so scharf auf Sex und holst ihn dir draußen, und ich kriege zu wenig – wie kommst du eigentlich dazu, woanders rumzubumsen? Weißt du, zuerst mal, du befriedigst mich nicht. Und außerdem kannst du erst mal dein Soll zu Hause erfüllen, bevor du ausgehst und es treibst.»
Wenn er einmal jeden Tag mit mir gebumst hätte, dann hätte er meinetwegen mit anderen Typen auch noch was haben können. Aber er hat nicht mal meinen Bedarf gedeckt und trotzdem noch mit anderen Typen rumgebumst. Und ich fand das sehr bezeichnend für etwas an unserer Beziehung, wenn er wirklich ... ich meine, das ist alles erst neulich zum Vorschein gekommen, nachdem ich ausgezogen war, daß er sexuell richtig Angst vor mir hatte. Er hatte das Gefühl, ich hätte so eine hemmungslose Leidenschaft, die er nicht befriedigen könnte, und deshalb fühlte er seine Kontrolle bedroht.

Und du hast ihn außerdem noch in die Mackerrolle gedrängt ...

Naja, er steht auch drauf. Er wollte das auch sein. Obwohl ihm die Erwartungen, die er dadurch bei einem weckte, wieder unheimlich zu schaffen machten. Ein weiteres Problem war, daß ich auch gern *ihn* ficken wollte und mir dieses ganze Rollenschema äußerst zuwider war. Ich glaube, ich kann das verstehen, und zwar aus seiner psychischen Struktur heraus, wegen der er nicht auf die Kontrolle verzichten kann. Daß er sich nicht von mir ficken lassen konnte, hing sicher damit zusammen, daß er nie Vertrauen zu mir hatte. Er hat von Anfang an gesagt, er wüßte, ich würde ihn verlassen, er würde es spüren, irgendwann würde ich ihn verlassen, und er hat nie Vertrauen gehabt, daß ich wirklich für ihn da war. Ich kann das verstehen ... bis zu einem gewissen Punkt ... aber ich habe nie geglaubt, daß er das so ernst meinte, denn ich glaube,

ich könnte niemandem mehr von mir geben als ich ihm gegeben habe.
Das ganze Problem kam letztlich daher, daß ich ihm das nie so gegeben habe, wie er es *brauchte*, und dasselbe Gefühl hatte ich in bezug auf ihn: er hat mir nichts gegeben, wie ich es *brauchte*. Und das hat die Zerstörung unserer Beziehung ausgemacht, denn keiner von beiden befriedigte die Bedürfnisse des anderen.
Wenn er mich sexuell abwies, bedeutete das gleichzeitig zweierlei: einmal, daß er mich nicht richtig liebte, und zweitens, daß ich sexuell nicht attraktiv war. Also, ich meine, das, – das war ein Riesenproblem *(Lachen)*, soviel steht fest. Das war wirklich ein Riesenproblem. Außerdem hatte Neil auch noch einen vertrackten sexuellen Trip, nämlich daß er immer leichter mit Leuten schlafen konnte, die er nicht kannte. Und damit baut er sich auch eine Illusion auf: für ihn ist die Situation genauso wichtig wie der Sexakt selbst. Wenn nicht wichtiger. Also erregen ihn dunkle Straßen, verruchte Kneipen, denn sie sind sexy. *Tea-rooms* erregen ihn auch, eben wegen der Atmosphäre, der Umgebung. Die Umgebung ist für ihn genauso sexuell wie das körperliche Erlebnis.
Die Verführung ist ihm so wichtig wie der Geschlechtsakt. Jemanden zu verführen, zu erobern, ist ihm fast so wichtig oder sogar wichtiger als das, was ihn körperlich zum Höhepunkt bringt.

Für dich nicht?

Na ja, langsam komme ich auch dahin, aber nicht mit Neil. Ein anderer Grund, weshalb es für ihn schwer war, mit mir zu schlafen, wenn die Initiative von mir ausging, war der, daß ich ja schon erobert war. Es gab also kein Hindernis, es gab keine Herausforderung. Er konnte also nicht seine Eroberungsnummer abziehen, und die ist glaube ich integraler Bestandteil von dem, was ihn erregt. Er wußte, er hatte mich in der Tasche, er wußte, ich würde mit ihm ins Bett gehen, wann immer er wollte. Kein Problem. Ich bin ganz anders. Selbst heute liegt mir nichts am Erobern. Klar muß ich Verführungsspielchen spielen, klar muß ich jemand kennenlernen, mit ihm reden und ihn ins Bett locken. Ich würde das gern ablegen, wenn ich könnte. Wenn's nach mir ginge, ich würde den Typ viel lieber schon im Bett treffen, als diese ganze Eroberungsnummer durchmachen. Verführung ist zwar reizvoll, aber meine sexuelle Erregung kommt woanders her. Mich interessiert viel mehr, was sich körperlich abspielt, Berührungen, eine Person ansehen und zwar während des Geschlechtsakts und vorher.

Was sagst du zu den Fotos 10 und 11?

Philip beim Aufreißen (10).

Aber du bist doch gar nicht aufreißen gegangen, oder doch?

Das hier war ja auch in Provincetown.

Sag mal, seid ihr mit der Kamera aufreißen gegangen?

Klar. Wir hatten aber nur eine dabei. Wir wollten unbedingt jemand anschieben, wußten aber nicht, ob wir einen für uns beide zusammen zum Bumsen finden würden oder jeder einen für sich. Und an dem Abend haben wir glaube ich gar nichts gefunden, wahrscheinlich weil ich nicht damit zurechtkam, mit Neil zusammen aufreißen zu gehen. Meine Identität, meine Autonomie war total gefährdet. Mein Selbstvertrauen war auch bedroht durch diese Konkurrenz, von der ich vorhin erzählt habe ...

Seid ihr sonst auch immer zusammen auf Aufriß gegangen?

Nein. Neil wollte immer. Aber ich nicht, ich kam damit nicht zurecht. Ich war immer von vornherein überzeugt, alle könnten mehr auf ihn als auf mich ... Auf diesem Foto (10) sehe ich aus wie die Unschuld, die auf *tough* macht. So ähnlich komm ich mir da vor. Wie ein Vierzehnjähriger, der grade einen Marlon Brando-Film gesehen hat und jetzt so rumläuft, als wollte er das Image übernehmen. Der Bruch ist wirklich deutlich. Ich sehe das daran, wie ich die Beine halte. Sie sehen absolut nicht aus, als ob sie fest auf dem Boden ste-

10

hen. Oberhalb der Gürtellinie wirke ich irgendwie *tough* und arrogant, obwohl man mein Gesicht kaum erkennen kann. Aber selbst mein Gesicht hat noch etwas Arrogantes. Wie ich den Kopf schräg halte und die Schultern nach hinten biege und an der Wand lehne. Aber das geht alles eher auf Neils Konto. Neil hat mir beigebracht, auf Kleider zu achten. Als ich ihn kennenlernte, hatte ich immer labbrige Jeans und

11

T-shirts an. Er hat mich erst darauf aufmerksam gemacht, daß Kleidung etwas Sexuelles sein kann und daß man damit den Körper zur Geltung bringen kann. Vermutlich habe ich unter anderem deshalb so labbrige Sachen angehabt, weil ich mir meines Körpers überhaupt nicht bewußt war. Als wir mal einkaufen waren, gefiel Neil diese Ballonmütze und er fand, ich sollte sie mir kaufen. (11) Die Mütze an sich gefiel mir auch, aber ich wußte nicht, ob sie mir auch stand. Ich fand sie ganz nett, wie man eben eine Mütze nett findet, aber ... ich fand nicht, daß sie zu mir paßte ... Überhaupt nicht. Und obwohl ich sie an mir auch irgendwie mochte, merkte ich doch, daß sie nicht mein Stil war, und fühlte mich nicht wohl damit, auch weil jedesmal, wenn ich sie abnahm, meine Frisur versaut war, und das fand ich damals viel wichtiger als die Frage, wie ich mit dieser Mütze aussehe. Aber ich dachte, Neil wollte eben, daß ich so aussehe. Neil mag den Stil. Und dabei war mir das so fremd wie nichts. Also, das ist wirklich

... so sehe ich aus, wenn ich mich wirklich in der Defensive fühle. Ich weiß genau, wie sich das anfühlt. Ich mag dieses Foto nicht, verstehst du. Ich finde, ich sehe mir überhaupt nicht ähnlich. Überhaupt nicht.

Warum nicht?

Mich würde so eine Person nicht anziehen. Möglicherweise sind meine Kriterien ja anrüchig, bestimmt sogar. Wie auch immer, so eine Person würde mich nicht anziehen. Ihh ... ich weiß nicht. Also ich glaube, das ist so ... Wie ich diese Fotos von mir mit der Mütze empfinde, hat hauptsächlich damit zu tun, daß *Neil* wollte, daß ich so aussehe, und nicht daß ich so aussehen wollte. Neil hat mich immer unheimlich bestätigt, wenn ich zum Beispiel eine Lederjacke trug. Er liebte dieses Image. Also zog ich sie an, aber mehr für ihn als für mich selber. Und ich hatte dann das Gefühl, ich sitze in der Falle, denn ich wollte ja attraktiv sein für ihn, seine Aufmerksamkeit erregen, ihn befriedigen. Oder seine Vorstellung von mir. Und das hat mich wohl auch geärgert ... So was nennt man Identitätsverlust, Verlust von Autonomie, Ich-Verlust. Das sehe ich heute in dem Foto. So etwa würde ich es zusammenfassen. Wirklich Ausdruck meines Ich-Verlustes – innerhalb der Beziehung.

Hast du mit Neil über dein Aussehen gesprochen?

Ja. Neil fand mich schön. Er erzählte mir immer, wie schön ich bin. Er hat nie begreifen können, warum ich das nicht fand. Und ich fand es ehrlich nicht. Ich fühlte mich nicht sexy, ich fühlte mich nicht schön. Ich fühlte mich, na ja ... einigermaßen gutaussehend, vergleichsweise. Aber Neil hat mich überschüttet mit Komplimenten über mein Aussehen, regelrecht überschüttet. Noch ein Grund, weshalb ich ihm nie ganz getraut habe – also ich glaubte ihm schon, daß er mich gutaussehend fand, bloß *das* war mir gar nicht so wichtig. Mir war wichtig, sexy zu sein. War mir doch scheißegal, ob ich im ästhetischen Sinn hübsch war oder gut aussah. Ich wollte sexy sein. Neil sieht nicht wirklich gut aus, aber er ist unheimlich sexy. Das war viel wichtiger. Neil hatte eben auch deshalb mehr Sex, weil ich ihn echt attraktiv fand, aber er schien mich nicht so attraktiv zu finden ... Das kommt erst später raus, daß er unter anderem deshalb nicht so oft mit mir schlafen wollte, wie ich mit ihm, weil er sich bedroht fühlte – ich schien ihm sexuell unersättlich. Ich habe da ja auch immer so ein Ding gedreht ... wenn wir zum Beispiel unheimlich schön gevögelt hatten, habe ich in den höchsten Tönen losgelegt: es wäre absolut hinreißend, und ich habe geschrien und gekreischt beim Orgasmus, als wäre das alles unheimlich heiß und aufregend, aber am nächsten Morgen habe ich ihm aufgezählt, was alles nicht gut gewesen war. Das war schon verdammt gemein von mir. Er hat sich nur das gemerkt, was ich nicht in Ordnung fand. Er hat sich nicht gemerkt, was ich ihm in der Nacht davor vorgespielt hatte ... daß es wahnsinnig toll war. Oder er hat diesen Wechsel nicht verstanden, meinen raschen Meinungsumschwung. Irgendwo auch begreiflich. Es hat mich geärgert, daß es mir so viel Spaß gemacht hatte, deshalb wollte ich es ihm am nächsten Morgen heimzahlen, wegen all der Sachen, die er nicht absolut makellos hingekriegt hatte ... zum Beispiel, daß er mich nicht genau so anfaßte, wie ich angefaßt werden wollte oder so.

Gehen wir zu Foto 12 über.

Das ist zwei Monate bevor Neil und ich zum Sommerurlaub nach Frankreich fuhren, aufgenommen worden. Ich wollte, daß Neil ein Paßfoto von mir macht. An dem Tag fühlte ich mich echt beschissen. Es war heiß und schwül, Mai glaub ich, und alles ging schief. Ich erinnere mich noch ganz genau an den Tag. Ich hatte die Nase voll. Also beschloß ich, wir könnten auch ruhig das Foto machen, denn es mußte gemacht werden. Wir zogen also durch SoHo, ganz in der Nähe unserer Wohnung, und ich war einfach mit keinem Hintergrund zufrieden. Ich mochte keine Ziegelwand, ich mochte keine Wandsprüche, ich mochte keinen Parkplatz, ich mochte es überhaupt nirgends. Ich war richtig zickig und mäkelig. Wie ein verzogenes Gör. Und Neil wurde immer frustrierter.

12

Er wollte die ganze Sache schnell hinter sich bringen. Und ich konnte mich einfach nicht für den richtigen Hintergrund entscheiden. Wir verknipsten einen halben Film. Das ist eines von den Fotos. Er sagte immer: «Komm schon, wir machen das jetzt einfach.» Und ich wurde echt wütend, wirklich richtig wütend.

Inzwischen weiß ich, meine Wut hatte nichts mit der Situation als solcher zu tun. Sie hatte ganz andere Gründe, an die ich mich aber im Augenblick nicht erinnern kann. Wahrscheinlich hatten wir mal wieder nicht zusammen geschlafen, oder er hatte mit jemand anderem geschlafen oder weiß der Himmel, aber das waren normalerweise die Gründe, warum ich während unserer Beziehung sauer war. Ich habe eine Theorie zu diesem Foto, über die Liebe. Neil und meine Mutter sind die einzigen Menschen auf der Welt, über die ich richtig wütend werden kann. Über Neil bin ich unheimlich oft wütend geworden ... richtig bösartig, verächtlich, bitter, ich hab geschrien und getobt und ihn wirklich getriezt. Das passiert mir nur bei ihm und bei meiner Mutter. Dieses Foto entstand bei einer solchen Gelegenheit. Ich sehe die Wut in meinem Gesicht. Den ganzen Haß. Da steckt wirklich Haß drin, finde ich. Und das ist etwas, was Neil nie begriffen hat, daß mein Zorn ein Zeichen dafür war, daß ich wirklich starke Gefühle für ihn hatte, unglaublich starke Gefühle. Er hat nie begriffen, daß man wenn man jemanden liebt, böse auf ihn werden kann. Hier also meine Theorie: jemanden lieben heißt, daß man die ganze Skala von Gefühlen für diese Person extrem stark erlebt. Die verschiedensten Gefühle. Auch Liebe, ein unglaubliches Bedürfnis, alles zu teilen. Ärger, Zorn, Zärtlichkeit, Bitterkeit. Einfach alles, die ganze Palette. Davon bin ich immer noch überzeugt. Neil zu lieben war nicht einfach Liebe, nicht einfach Friede, Freude, Eierkuchen. Es war auch echter Ärger, echte Eifersucht und echte Bitterkeit. Und echte Zärtlichkeit, Teilnahme, Fürsorge und Liebe. Aber das hat er nie verstanden. Er hat es nie akzeptiert. Er wollte damit nichts zu tun haben. Er konnte nicht verstehen, warum ich so wütend auf ihn wurde. Er hielt es für Haß oder Abneigung gegen ihn und nicht für eine Form, in der sich meine Zuneigung extrem äußerte.

Meinst du, für Neil war Liebe irgendwie nur ein wohlwollendes, warmes Gefühl?

Ja genau. Liebe gab es für ihn nur nach dieser Märchen-Masche ... sie zogen von dannen und lebten fortan glücklich und in Frieden. Er begriff nicht, wie da Wut hineinpaßte. Ich glaube, später, gegen Ende der Beziehung, hat er langsam etwas begriffen. Er kam sehr schlecht zurecht mit meinem Ärger. Das verstehe ich auch.

Wenn ich meinen Zorn an ihm ausließ, empfand er das als Verrat an meiner Liebe zu ihm, anstatt einzusehen, daß es Teil meiner Liebe zu ihm war. Er war nie wütend auf mich und wollte das auch nicht, und darauf war ich auch wütend. Ich hielt das für einen Hinweis darauf, daß er mich nicht wirklich liebte. Für Neil dagegen bedeutete mich zu lieben, daß er Sachen für mich tat: mir Essen kochte, einkaufte für mich, mir Geschenke machte.

Und für dich?

Für mich hieß es ... mit ihm zusammen zu sein, ihn anzufassen, mit ihm zu reden, das alles auszudrücken, über alles zu sprechen. Auch etwas für ihn zu tun. Aber ich fühlte mich langsam regelrecht unterdrückt dadurch, daß Neil so viele Sachen konnte: er konnte eben Essen machen, er konnte einkaufen. Er schrieb zu Hause. Er hatte keinen Acht-Stunden-Job. Ich aber. Deshalb war es auch schwieriger für mich, sowas für ihn zu tun. Und aus der Wut und dem Ärger heraus, daß das eben seine Art war, mir seine Liebe zu zeigen, weigerte ich mich erst recht, solche Sachen für ihn zu tun. Es war ein richtiges Spiel. Ich merke immer mehr, daß das eine echte Wettkampf-Beziehung war. Wir lieferten uns dauernd Tänze. Hielten hinterm Berg, zum Beispiel. Neil auch, der hielt sexuell hinterm Berg. Ich hielt mit anderen hinterm Berg. Für mich war ein ganz starker Ausdruck meiner Liebe eben, *mit ihm zu schlafen*. Für Neil dagegen waren es mehr Liebesdienste, wie die Wohnung sauberhalten, einkaufen gehen, Essen kochen und dergleichen. Er machte sich sexuell rar, ich machte mich woanders rar. Ich kochte nicht und ging nicht einkaufen. So ungefähr. Auge um Auge. Wenn der sich sexuell rar macht, mache ich mich sonstwie rar.
Noch etwas zu meiner Wut, nur als Beispiel: einmal gingen wir auf eine Party in eine riesige Fabriketage ganz in unserer Nachbarschaft. Und kurz vorher hatten wir noch miteinander gebumst, auf *meine* Initiative hin. Ich hatte ihn über eine Stunde lang fast angebettelt. Am Ende haben wir dann gebumst. Neil war gar nicht scharf; er wäre zu erschöpft, war seine Entschuldigung. Dann gingen wir also auf diese Party, und eine Stunde später war er verschwunden, ich unterhielt mich gerade mit einem Typen, der mich anmachte. Plötzlich kommt Neil auf mich zugestürzt und sagt: «Siehst du den Typ da drüben? Der hat echt 'ne Macke, der ist total scharf. Der macht mich dauernd an, ich weiß gar nicht, was ich ma-

chen soll.» Und ich sage: «Was willst du denn gern machen, Neil?» Er sagt: «Ich weiß nicht, was denkst du denn?» Und zeigt mit dem Finger auf den Typen. Da sage ich: «Tja ... ist doch ganz klar, du willst mit dem was machen.» Und er: «Stimmt ... bloß, wie ist denn das für dich?» Ich sage: «Mach, was immer du willst.» Ich war stinksauer. Neil zog also mit dem Typen ab. Und ich bin ausgeflippt. Soviel zur Wut, zur Verachtung. Ich fühlte eine offene Verachtung, ich haßte ihn, ich war so zornig. Ich wollte ihn umbringen. Ich wollte ihn buchstäblich ermorden. Eine echte Mordphantasie. Fünf Minuten später ging ich weg von der Party, vollkommen hysterisch –

Allein?

Allein. Ich lief bis drei Uhr morgens durch die Straßen und traf dann jemanden, und das war die erste Nacht, in der ich nicht zu Hause schlief. Es stellte sich heraus, daß er mit diesem Typen bloß zehn Minuten in einem Auto gebumst hatte und dann direkt nach Hause gegangen war. Und ich kam die ganze Nacht nicht nach Hause, so wütend war ich. Und ich hatte diese Mordphantasien, Phantasien, wie ich ihn kaltmache. Den leg ich um, den schlag ich zu Brei, ich hol mir 'ne Knarre und knall ihn ab.

Ich wollte ihn wirklich umbringen. Das war das Äußerste an Verrat gewesen. Ich muß dazusagen, ich war damals in dieser Selbsterfahrungsgruppe; am nächsten Tag ging ich zu der Gruppe, ich war immer noch außer mir. Ich erzählte denen den ganzen Vorfall, und alle sagten: «Warum hast du ihm denn nicht gesagt, daß du nicht willst, daß er geht?» Das wäre ja wirklich das einfachste gewesen. Aber – na ja – das ist mir überhaupt nicht eingefallen. Und es war doch auch ein Grund, weshalb Neil das getan hat, ich hatte ja zugestimmt. Also, ich habe ihn doch gefragt: «Willst du denn was mit dem machen?» anstatt zu sagen: «Neil, ich will nicht, daß du das machst.» Aber das habe ich nicht über die Lippen gebracht.

Ich habe erwartet, daß Neil weiß, was in mir vorgeht. Dabei

habe ich mich, wenn ich nicht wußte, was in ihm vorging, immer darauf verlassen, daß es seine Pflicht ist, es mir zu sagen. Ich habe immer gesagt: «Neil, ich bin kein Hellseher, du mußt mir schon sagen, was los ist.» Aber von ihm erwartete ich immer, daß er Hellseher war.

Ihr seid in verschiedenen Selbsterfahrungsgruppen gewesen und habt, bevor ihr euch kennenlerntet, keine gemeinsamen Freunde gehabt, sondern euch in verschiedenen Kreisen bewegt. Wie lief das, nachdem ihr zusammen wart?

Ich traf mich nicht mehr mit allen meinen alten Freunden; wir haben uns, glaub ich, beide immer seltener mit früheren Freunden getroffen. Aber es gab auf beiden Seiten einige wenige, mit denen wir während unserer ganzen Beziehung regelmäßig Umgang hatten. Die haben auch unsere ganzen Hochs und Tiefs und Krisen mitgekriegt, die kannten die tägliche Wetterlage unserer Beziehung.

Waren das Freunde von allen beiden?

Ich würde sagen ja.

Welchen Umgang habt ihr mit euren Freunden gehabt? Habt ihr zusammen gegessen, habt ihr sie in Schwulenkneipen getroffen?

Nun, wir hatten beide Freunde, die nicht schwul waren. Meine zwei engsten Freunde aus der Zeit vor Neil wurden Neils und meine engen Freunde. Sie sind verheiratet und haben drei Kinder. Ich hatte auch eine sehr gute Freundin, die ich von der Arbeit her kannte, Susan. Wir haben zusammen gegessen, mal bei denen zu Hause, mal bei uns, wir gingen zusammen ins Kino oder ins Konzert, oder wir gingen zusammen tanzen, spät nachts, nach einem Essen bei uns, oder so. So ungefähr lief unser Leben in Gesellschaft ab.

Wie oft war das?

Gewöhnlich zweimal in der Woche, würde ich sagen, machten wir so was zusammen. Neil hatte auch noch seine Freunde, und ich meine, mit denen haben wir uns allein verabredet.

Er ging zum Beispiel mit einem Freund essen und ich mit einem Freund ins Kino.

Ihr seid also nie eins von diesen unzertrennlichen Pärchen geworden, wo man den einen nie ohne den anderen sieht?

Nein, nein. Ich habe manchmal den ganzen Abend lang mit Susan allein gegessen, dann wieder kam sie zu uns beiden nach Hause zum Essen. Nein, wir legten keinen Wert darauf, nur zusammen aufzutreten. Da waren wir irgendwie unabhängig. Ich war allerdings trotzdem eifersüchtig, wenn Neil mit seinen Freunden unterwegs war, die waren größtenteils schwul – bei mir sind ein paar schwul und ein paar nicht. Hm ... Neils Freunde waren meistens schwul. Und das fand ich bedrohlich, wenn er mit denen wegging. Deshalb ging ich manchmal extra mit meinen Freunden weg, um meine Eifersucht auszugleichen. Ich konnte nicht zu Hause sitzen und lesen, wenn Neil unterwegs war – ich mußte dann auch weggehen. Oft trafen wir uns mit unseren Freunden auch außerhalb der Schwulen-Szene. Wir unternahmen andere Sachen. Obwohl Neil und ich beide in ein paar Schwulen-Organisationen engagiert waren und zu den Terminen gingen, so ein-, zweimal in der Woche. Zum Beispiel zur *Gay Academic Union*, zur *Gay Activist Alliance*, zur *Gay Media Coalition* – und aus diesen Gruppen heraus ergaben sich auch neue Freundschaften. Also trafen wir auch Leute in der Schwulen-Szene ... man geht doch nach dem Termin immer noch irgendwohin, auf einen Kaffee oder ein Bier.

Glaubst du, diese Freunde haben euch als Paar wahrgenommen und euch darüber eine gesellschaftliche Anerkennung verschafft?

Die Schwulen bestimmt, zumal wir ja so ziemlich das einzige Paar waren, das die kannten *(Lachen)* ... oder zumindest die einzige Zweierbeziehung, die so lange hielt wie unsere, obwohl das ja so lang nicht war. Aber wir wirkten wie eine Dauerbeziehung, wir hatten uns gefunden, lebten zusammen, wir hatten auf jeden Fall sehr viel miteinander zu tun – und unsere Freunde spielten das auch hoch. Als ich zum Beispiel ausziehen wollte, kam es uns fast so vor, als wäre das ein Schlag gegen unsere kleine schwule Gemeinschaft. Ein Denkmal geriet ins Wanken.

Gab es unter deinen Freunden welche, die Neil nicht mochten, und umgekehrt?

Ich glaube, mehr Freunde von mir mochten Neil nicht als umgekehrt.

War das ein Problem?

Ja, das schaffte Probleme ... weil ich das nämlich Neil meistens verschwieg. Es ging aber nicht so weit, daß sie mich etwa nicht besucht hätten, bloß weil Neil da war. Sie gingen ihm nicht aus dem Weg. Aber die meisten Freunde von mir mochten ihn oder kamen mit ihm klar. Wir haben unsere Freunde auch ganz schön als Puffer für unsere Beziehung benutzt, wir haben sie oft zu Richtern gemacht, in einer Art von Tribunal, wo wir uns die Anklagen über jeden kleinen Vorfall der letzten Woche oder des letzten Tages um die Ohren gehauen haben. Jeder von uns war scharf drauf, daß sie ihm zustimmten, damit dann jeweils der eine zum anderen sagen konnte: «Siehst du, das habe ich dir auch gesagt. Siehst du, ich hab recht.» Wir haben irrsinnig viel Zeit auf Kosten unserer Freunde verschwendet und auf Kosten von deren eigenen Bedürfnissen und Wünschen. Ich glaube, das war falsch.

Glaubst du, die Anerkennung, die ihr als Paar durch eure Freunde bekamt, war wichtig für eure Beziehung, sozusagen als Ersatz für die mangelnde gesellschaftliche Anerkennung?

Ja, bestimmt. Von meinen Eltern habe ich sie nicht bekommen und von meinen Mitarbeitern im Büro auch nicht. Bei mir im Büro zum Beispiel gibt es zweimal im Jahr eine Picknickparty, zu der alle ihre Partner mitbringen dürfen. Bei den ersten beiden Malen durfte ich Neil nicht mitbringen, oder besser: ich wußte nicht, ob ich es durfte, also habe ich es gelassen. Ich hatte nicht das Gefühl, daß wir dort gesellschaftlich anerkannt wurden; unsere Freunde dagegen nahmen uns ganz klar als Paar wahr. Und das hat bestimmt irgendwie zu dem Zusammengehörigkeitsgefühl beigetragen, das wir selber hatten. Sie haben uns unterstützt bei unserem Versuch, unserer Paarbeziehung eine Struktur zu erarbeiten.

Wie war das mit der Schwulen-Szene im allgemeinen? Bot sie auch diese Art von Unterstützung? Wie habt ihr euch zu ihr verhalten? Wart ihr oft in den Kneipen, in der Subkultur?

Nein, wir sind nie zusammen in die Subs gegangen. Ich habe mich geweigert, mit Neil in Schwulenkneipen zu gehen, ich habe mich auch geweigert, mit ihm zusammen auf der Straße Leute aufzureißen. Ich mochte nicht mal mit ihm die *Christopher Street* langgehen. Wenn wir aus dem Kino kamen und Neil auf dem Nachhauseweg noch durch das *Village* ziehen wollte, ging ich nicht mit. Ich empfand die ganze Schwulen-Szene zu sehr als Bedrohung für unsere Beziehung. Die politischen Schwulengruppen weniger, da hatten die Leute nicht so sehr über den Sex miteinander zu tun, sondern über Theorie und Analysen des Schwulseins, dort war ich sicherer – während die Schwulen-Szene sexuell bedrohlich wirkte.

Die Schwulen-Szene hat wohl nicht viel für Paare übriggehabt?

Nein, absolut nicht.

Dann seid ihr vermutlich auch nie zusammen in die Sauna gegangen.

Nein, nie, immer getrennt.

Und nach Fire Island gefahren?

Nie.

Nach Provincetown?

Nach Provincetown ja, da waren wir zusammen. Aber da wohnten wir bei Freunden, die nicht schwul sind, das war mehr wie eine Familie.

Das ist wirklich spannend: wo ihr mit der Außenwelt an sich zu tun hattet, zum Beispiel bei Time-Life, wurdet ihr nicht als Paar wahrgenommen. Und in der Schwulen-Szene selber gab es keinen Platz für euch als Paar.

Vielleicht hätte es ihn gegeben, aber ich hatte zuviel Angst. Es gibt in der Schwulen-Szene durchaus Möglichkeiten für Paare, als Paare aufzutreten, die gehen zusammen aufreißen oder nehmen Typen mit nach Hause und machen als Paar einen Dreier. Ich habe mich nie wohlgefühlt dabei. Ich mochte nicht gern als Paar in einem sexuellen Zusammenhang auftreten. Und die schwule Subkultur ist in erster Linie ein sexueller Zusammenhang. Anders als die Schwulengruppen.

Glaubst du wirklich, das schwule Milieu ist in erster Linie eine sexuelle Umgebung?

Ja, allerdings.

Glaubst du, es ist eine bestimmte Art von Gesellschaft?

Ja, das ist es – eine höchst dekadente Gesellschaft. Fire Island zum Beispiel wird auch erst dadurch möglich, daß in jener Gesellschaft von karrierebewußten schwulen Männern eine bestimmte sexuelle Dynamik funktioniert. Klar, es gibt auch noch andere Interessen als sexuelle, aber wenn es dort keinen Sex gäbe oder wenn Sex dort nicht so stattfinden würde, wie er es tut, dann wäre es kein schwules Milieu. Es wäre nicht der schwule Lebenszusammenhang.
Fire Island Pines ist ein wunderschöner Ort, eine sehr angenehme Umgebung, aber es ist deshalb Sammelpunkt von Schwulen geworden, weil es dort diese sexuelle Dynamik gibt. Sie haben diese sexuelle Dynamik auch geschaffen, weil sie tatsächlich aus dem schwulen Lebenszusammenhang kommen. Ich weiß nicht, wie ich das erklären soll. Sieh dir zum Beispiel irgendein Klischee-Interessengebiet von Schwulen an – Oper, Theater. In solchen Umgebungen können Schwule zusammenkommen. Sie können sich in der Oper oder bei Vernissagen treffen, aber über Sex werden sie

dort nicht reden. Sie würden sich in der Öffentlichkeit nicht sexuell aufeinander beziehen, weil das eben kein schwuler Zusammenhang ist. Das ist lediglich ein kultureller Zusammenhang.
Die Ballett-Szene, die Opern-Szene sind nicht vorherrschend schwule Szenen. Es gibt in ihnen ganz ganz viele Schwule, das ist klar, aber die Maßstäbe in diesen Szenen sind genau betrachtet sehr heterosexuell bestimmt. Sieh dir Opern an, sieh dir Ballette an, da geht es immer um Mann und Frau. Sogar bei den Parties, zu denen man hinterher geht. Selbst wenn alle Leute wissen, daß achtzig Prozent da wahrscheinlich schwul sind, könnte man das auf so einer Party als Außenseiter nicht erkennen. Das sieht aus wie irgendeine Cocktail-Party in Westchester.

Du sagst also, die Schwulen-Szene, die schwule Subkultur ist überall dort, wo sie real existiert, eine vorwiegend sexuelle Einrichtung.

Ja.

Das heißt, ihre Grundlage ist hauptsächlich eine sexuelle?

Ja.

Interessant.

Wenn Neil und ich in die Oper gingen oder zu einer Vernissage oder auf eine Cocktail-Party von Heteros, habe ich mich überhaupt nicht bedroht gefühlt. Ich habe mich in solchen Zusammenhängen sogar wirklich weniger bedroht gefühlt als im schwulen Zusammenhang als Paar, denn unsere Beziehung war dort nicht grundsätzlich bedroht. Wir waren in Hetero-Umgebungen zumindest wirkliche Verbündete.

Glaubst du, deine Wahrnehmung ist beeinflußt durch die Tatsache, daß du in New York lebst?

Das kann schon sein, ich weiß es wirklich nicht. Das klingt logisch, daß es nur in New York so ist, deswegen, weil die Leute in New York im Hinblick auf eigene Interessen und weniger in bezug auf sexuelle Neigungen Freundschaften schließen und eine eigene Umgebung aufbauen können, denn Sex kann man immer noch später nachts kriegen, man kann ausgehen und sich auf die Suche nach sexueller Befriedigung machen. In kleinen Städten dagegen sind Schwule allein auf sich angewiesen, denn es gibt nicht so viele. Und wenn sie zu wenigen leben, teilen sie ja tatsächlich auch andere Interessen.

Wollen wir die nächsten Fotos ansehen?

Die (13 und 14) sind in Cannes aufgenommen worden. Neil und ich sind einen Monat lang durch Frankreich gefahren. Wir haben uns ein Auto gemietet und die meiste Zeit Camping gemacht, und das wurde ganz schön ungemütlich. Wir merkten, daß wir viel bürgerlicher waren, als wir uns eingeschätzt hatten. Wir fuhren für eine Woche nach Cannes. Also, das war wirklich eine ganz tolle Woche. Wir hatten da ein tolles Hotel, ganz billig, Frühstück im Bett, wir wachten immer morgens um acht auf, bekamen Croissants und Kaffee und fuhren zum Strand. Wir waren den ganzen Tag am Strand, gleich außerhalb von Cannes. Das war ein schwuler Strand, ein Nacktstrand, nicht sehr voll. Und wir verbrachten einfach tolle Tage, jeden Tag, wir hingen am Strand herum, lasen, zeichneten, spielten Scrabble zusammen und unterhielten uns. Oder wir gingen jeder für sich los, Leute anmachen, und mit denen gingen wir woanders hin, wo uns der andere nicht sehen konnte. Aus irgendwelchen Gründen war Cannes der einzige Ort und die einzige Zeit während unserer ganzen Beziehung, wo ich mal wirklich nicht eifersüchtig war. Wir waren auch nachts, ich glaube zwei- oder dreimal mit anderen Leuten zusammen, allein, und bumsten mit denen, und das war völlig in Ordnung. Ich weiß nicht warum.

Habt ihr auch zusammen gebumst?

Ja, wir haben zusammen auch gebumst. Und gut.

Und du hattest Erfolg, wenn du allein unterwegs warst?

Ja, total. Wirklich, also irgendwann habe ich diesen einen Typen kennengelernt, Bob, der lebte in Cannes. Ich ging gerade mit ihm auf der Promenade spazieren, und wir sind Neil vor den Bauch gerannt. Und als Neil diesen Typen sah, mit dem ich da zusammen war, sagte er: «Der ist ja phantastisch, also, ich bin ja eifersüchtig, aber ich kann dir nicht verbieten, mit ihm nach Hause zu gehen, der ist so schön.» Und dann ging er weg, so daß ich mit diesem Typen nach Hause gehen konnte, bloß weil er sich dachte – Mensch, so eine Eroberung. Ich hätte das nie gemacht. Also, ich weiß genau, wenn ich Neil mit einem so schönen Typen gesehen hätte, ich wäre ausgeflippt.

Sogar damals?

Nun, ich weiß nicht, ob ich mich damals noch so bedroht gefühlt habe wie vorher, aber ich weiß auch nicht, ob ich so gnädig damit hätte umgehen können wie Neil. Ich war erstaunt über Neils Gelassenheit. Aber das ist ganz typisch für die Zeit in Cannes: das war einfach idyllisch und wunderbar. Für mich war diese Zeit wie Flitterwochen. Zwei Jahre nachher. Der Inbegriff von Flitterwochen.

Was sagst du zu Bild 13?

Das ist Neil für mich. Ein ganz intimer Moment von Neil, für meine Begriffe. Wir sind kurz davor vom Strand zurückgekommen, ich will mich gleich zu einem Schläfchen hinlegen, und Neil schläft schon. Wir beide in dem Hotelzimmer. Es ist ein sehr intimer Augenblick. Ich will damit sagen, Neil ist ganz verletzlich, er schläft, mit dem Rücken zu mir ... ich bin hinter ihm. Dieser gewisse Hauch ist um ihn. Er wirkt sehr verletzlich. Dieses Bild hat etwas vom dreijährigen Neil, von dem ich vorhin erzählt habe. Dieses – er gehört mir. Er gehört mir. Wir passen irgendwie aufeinander auf. Er kann ruhig verwundbar sein, er kann da ruhig nackt schlafen, mit dem Rücken zu mir. In diesem unheimlich schönen kleinen Zimmer im Spätnachmittagslicht.
Was Bild (14) betrifft, ich fand, ich sehe sehr französisch aus.

13

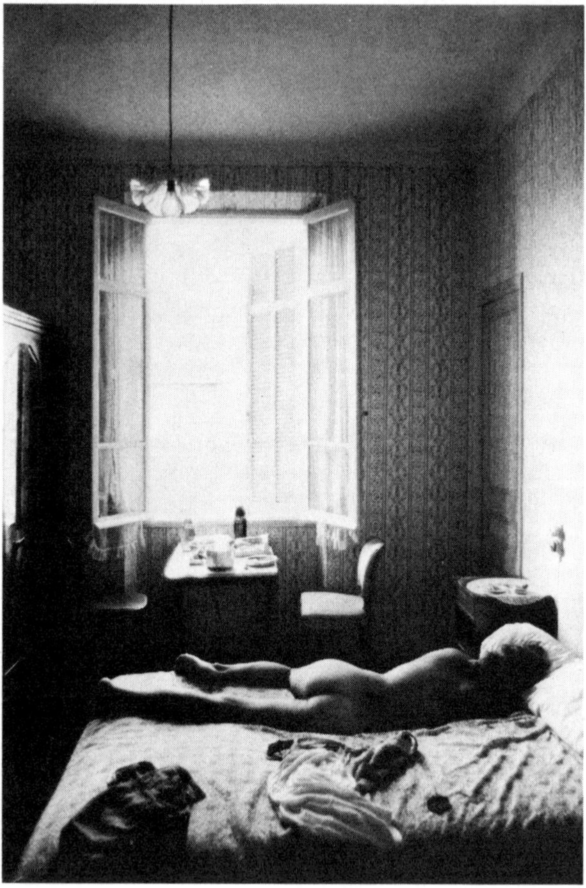

Ich hatte in Frankreich ja auch ziemlichen Erfolg. Ich war ein echter Schlager da und ich sah mich langsam selber so. Oder fühlte mich so. Ich habe mich selber fotografiert, und ich glaube, man kann deutlich den Unterschied sehen zwischen diesem Bild und den meisten, die Neil von mir gemacht hat.
Ich habe ein ganz anderes Gesicht. Meine Haare waren auch wieder länger und ich war ziemlich schön braun. Ich habe

14

mich äußerst wohl gefühlt in meiner Haut. Ich habe gerade vor dem Spiegel so ein bißchen Show gemacht. Ich fand mein Aussehen sehr toll. Ich glaube nicht, daß ich wirklich so aussehe, aber es gibt Momente, wo ich das Gefühl habe, daß ich so etwas ausstrahle, etwas sehr Französisches.

Wessen Idee war es, nach Frankreich zu fahren?

Meine. Ich wollte unbedingt einen ganzen Monat Urlaub machen, im Jahr davor hatte ich nämlich keinen gemacht. Und ich hatte beschlossen, nach Frankreich zu fahren und dort herumzureisen. Es sollte mein romantischer Traumurlaub werden. Ich hatte Neil am Anfang gar nicht eingeplant. Ich wollte nach Frankreich fahren, ob mit oder ohne Neil. Wir wußten auch nicht, ob Neil es sich leisten konnte, und dann haben wir überlegt, ob wir zusammen fahren. Es war ausschließlich meine Initiative.

Gleich nach Cannes fuhren wir wieder nach Paris zurück. Wir wollten noch drei Tage in Paris bleiben, bevor mein Flugzeug nach New York ging, und Neil wollte weiter nach Portugal. In Paris waren wir nur einen Tag zusammen, und es ging uns elend miteinander. Wir fanden uns einfach langweilig und uninteressant. Ich wollte Museen ansehen, und Neil wollte einfach rumhängen, für Museen hatte er nichts übrig. Es war heiß, und wir kamen von unserem Cannes-Trip langsam wieder runter und wußten, daß wir jetzt einen Monat getrennt sein würden, da hat sich Neil kurzerhand entschlossen, abzureisen. Einfach schon am nächsten Morgen nach Portugal loszufahren, und ich blieb noch zwei Tage allein in Paris. Als Neil diesen Vorschlag machte, sagte ich: toll. *Phantastisch.* Ich hatte einen Freund, der in Paris wohnte, und mit dem war ich dann die beiden Tage zusammen. Ich war wirklich froh, Neil los zu sein, und er war froh, daß er wegfuhr, weil wir ganz und gar nicht miteinander klar kamen. Es war eine solche Ernüchterung nach Cannes. Er fuhr mich noch zur Gare du Nord, weil ich noch irgendwas mit dem Ticket am Flughafen erledigen mußte, und anschließend fuhr er los. Bis dahin war ich die ganze Reise über gefahren, weil Neil mit Handschaltung nicht fahren kann. Ich mußte ihm das erst beibringen in Frankreich, und es hat ihn immer frustriert, weil er so lange dazu gebraucht hat. Als er wegfuhr, war er im Schalten immer noch nicht sicher, und fünfmal hätte er im Pariser Stadtverkehr fast einen Unfall gebaut. Ich weiß nicht, ob du mal in Paris warst – er mußte um den Arc de Triomphe fahren, und das ist der helle Wahnsinn. Mein Herz schlug mir bis zum Hals. Ich fühlte mich buchstäblich wie ein Vater neben seinem Sohn, der zum erstenmal losfährt und noch nicht richtig autofahren kann, und ich hatte Angst, daß er sich zu Tode fährt. Ich war wütend und gleichzeitig besorgt um ihn. Das war die Stimmung, aus der er für einen Monat wegfuhr.

Eine interessante Umkehrung.

Ja. Das war wirklich eine Umkehrung, hier war ich der Erfahrenere und übernahm die Verantwortung. Ich konnte mich hervorragend orientieren, und ich habe oft die Verantwortung übernommen. Ich beschloß immer, wo wir langfuhren, und meine Selbstsicherheit stieg unheimlich. Sogar während der Fahrt durch Frankreich den ganzen Monat vorher. Außerhalb unseres gewohnten Alltagslebens merkte ich, daß ich mir viel mehr zutraute als Neil, zum Beispiel wenn

15

wir in neue Orte kamen oder Situationen einschätzen mußten. Und uns auf eine Situation einlassen mußten. Ich fühlte mich also richtig gut. Und das kann sehr gut ein Auslöser für unsere Trennung gewesen sein, irgendwie fühlte ich mich stark und selbstsicher genug, um Neil verlassen zu können. Aber das ist nicht der einzige Grund, weshalb ich ihn verlassen habe, da gibt es noch eine ganze Reihe.

Aber es klingt, als ob du ihn weniger brauchtest.

Genau. Bis dahin hatte ich ihn unheimlich gebraucht und mich total über ihn definiert. Dieses Foto von mir (15) mag ich sehr gern. Es entspricht viel mehr meiner Vorstellung von mir selbst. Der weiße Umhang gefällt mir nicht, aber das Gesicht gefällt mir. Und mir gefällt vor allem die schwarze Umgebung, so etwas Geheimnisvolles und Verwirrendes. Ich sehe mich selber eher so.

Aus welcher Situation heraus entstand denn dieses Foto?

Och, wir hatten entweder gerade gebumst oder wir waren kurz davor. Es ist von unserem Bett aus aufgenommen, so einem Hochbett unter der Decke. Ich saß auf einem kleinen Sofa direkt unter dem Bett. Ich weiß nicht mehr genau, was gerade los war. Es muß im Sommer gewesen sein, gleich nach unserer Rückkehr aus Frankreich. Genau. Die Situation zu der Zeit: Neil und ich waren einen Monat lang getrennt gewesen. Es war überhaupt das erste Mal, daß wir einen Monat lang nicht zusammen waren. Überhaupt das erste Mal, daß wir nicht zusammen waren. Und das erste Mal, daß ich allein in der Wohnung gewohnt habe und sie als meine eigene empfunden habe. Das war auch so 'ne Sache, mit der Wohnung! Ich hatte nie das Gefühl, das ist meine Wohnung. Ich bin bei Neil eingezogen, und es war die ganze Zeit über mehr Neils als meine Wohnung.

Wie lange hattet ihr bis dahin zusammengelebt?

Fast zwei Jahre. In dem Monat bin ich irgendwie zu mir selbst gekommen. Ich war zufriedener mit mir selbst als ich während unserer ganzen Beziehung gewesen war, weil wir auseinander waren und ich mich wohl fühlte ohne Neil, obwohl ich ihn in den letzten ein-, zwei Wochen auch sehr vermißt habe.

Hast du dir einen schönen Lenz gemacht?

Ja, ich hab reichlich rumgebumst. An einem Wochenende bin ich mit einem Typ nach Fire Island gefahren, war aber gleichzeitig in einen anderen verknallt, so ein Drei-Tage-Schwarm. Es war Sommer, und ich mußte noch nicht wieder arbeiten. Es war toll. Aber ich habe mich auch sehr auf Neil gefreut. Dieses Foto ist kurz nach seiner Rückkehr entstanden.
Neil kam fast abgebrannt aus Portugal zurück. Und ich mußte ihn durchfüttern, es sollte nur für einen Monat sein, er hatte kein Geld mehr und mußte dringend einen Job finden. Also hat er auch gesucht, aber nach zwei oder drei Wochen hatte er das Gefühl, ich kontrolliere ihn mit meinem Geld.

Stimmte das?

Eigentlich nicht ... bis zu einem gewissen Grad ja, aber mehr nicht. Eines Tages haben wir uns zusammengesetzt, und ich habe ihm gesagt: «Neil, du wirst nicht verhungern. Mach dir keine Sorgen, ich habe noch Geld und ich verdiene was, ich werde so lange für dich aufkommen, bis du wieder einen Job hast.» Und das lief ganz gut, zwei, drei Wochen lang: ich habe ihm Taschengeld gegeben und die gesamten Haushaltskosten übernommen. Ich kam mir sehr eigenartig vor in dieser Position. Sie gefiel mir nicht besonders.

Wirklich kein bißchen?

Und Neil ist ganz schön ausgeflippt deswegen.
Er *haßte* es, daß er mich um Geld bitten mußte. Er konnte einfach nicht sagen: «Philip, ich brauch zehn Dollar.» Also hat er es mich auf andere Weise spüren lassen. Er war ekelhaft zu mir, und zwei Tage später stellte sich dann heraus, daß er mich eigentlich um Geld bitten wollte, aber nicht wußte wie, und dann einfach versucht hat, seine Geldschwierigkeit zu

vertuschen. So war er eben. Das hat sich damals gerade abgespielt, als das Foto aufgenommen wurde. Aber ich glaube, dieses Bild ist viel liebevoller als viele andere, die er gemacht hat. Es ist auch interessant, daß er auf mich runterguckt, obwohl ich ihn finanziere. Diesmal. Ich sehe aus wie ein Kind, sehr kindlich. Aber auch sehr verführerisch. Und ich sehe zu ihm auf, auf diesem Foto. Damals hat er viel von seiner Selbstachtung eingebüßt.

Weil er kein eigenes Geld hatte?

Weil er kein eigenes Geld hatte. Ich wurde nach einem Monat auch langsam sauer auf ihn, es ärgerte mich, daß er sich nicht so ernsthaft um einen Job kümmerte, wie er es in seiner Situation hätte machen *müssen*. Er hat sich ein-, zweimal pro Woche irgendwo vorgestellt. Ich sehe ein, daß er große Schwierigkeiten hatte. Neil hat in seinem ganzen Leben nur knapp fünf Monate in der normalen, üblichen Form gearbeitet. Ansonsten hat er sein Geld immer durch freie Mitarbeit oder als Schriftsteller verdient. Und das ist so ein Punkt in unserer Beziehung, über den ich mich geärgert habe: ich mußte jeden Morgen zur Arbeit und er nicht. Und das brachte eine Reihe von organisatorischen Problemen und miesen Gefühlen während unserer ganzen Beziehung mit sich. Einen Monat später war er dann nicht mehr finanziell auf mich angewiesen. Und noch einen Monat später empfand ich unsere Beziehung langsam als unglaublich gleichgültig. Und damit begann eine Entwicklung, die ungefähr sechs Monate dauerte, bis ich auszog.

Wer empfand diese Gleichgültigkeit? Du oder er?

Ich, ich. Und zwar sehr deutlich. Ich machte eine Reihe von Veränderungen durch, innerlich. Ich fing an, meinen Job zu hassen. Ich wollte wirklich einen anderen, und ich suchte auch nach anderen. Ich fühlte mich unwohl in meiner Situation: ich war gerade vierundzwanzig geworden und bemerkte allmählich, daß ich das irgendwie in die Hand nehmen müßte, wenn ich wirklich Karriere machen und ein handfestes

Ziel vor Augen haben wollte, usw. Mein Job als Bildredakteur war ganz gut. Aber er war nicht das, was ich wirklich wollte. Ich war mit mir selbst nicht zufrieden, und meine eigene Kreativität kam nicht zum Zuge. Wer ich war, wurde definiert von den Zwängen der Firma, und ich fühlte mich sehr unwohl damit. Also wollte ich mich verändern und fing an, Entscheidungen für mich zu treffen, und das war der Moment, wo ich Neil und unsere Beziehung immer weniger miteinbezog und immer weniger Rücksicht darauf nahm. Neil dagegen kümmerte sich immer mehr darum und fragte mich in regelmäßigen Abständen: «Philip, was ist los? Ich kenne dich gar nicht mehr! Ich weiß nicht, wo du stehst. Was soll das alles? Wir reden gar nicht mehr miteinander.»
Früher hatte ich viel geredet. Ich hatte auch viel von Neil gefordert. Während unserer ganzen Beziehung hatte ich verlangt, daß er mir erzählt, was los ist. Drei-, viermal in der Woche hatten wir Marathondiskussionen. Stundenlang, am Küchentisch: «Was ist los? Wie fühlst du dich? Was hast du heute gemacht? Warum empfindest du das so? Warum hast du mir das gestern abend angetan? Laß uns darüber reden.» *Stundenlang.* Er fand es furchtbar, aber es war ihm auch wichtig, und er hat es auch gut gefunden. Ich meine, letzten Endes. Er war froh, daß ich darauf drängte. Und später drängte er darauf. Und ich redete nicht mehr soviel. Er wußte plötzlich nicht mehr, wo ich war. Ich war da und doch nicht da. Also erzählte er mir: «Du bist nicht da, du bist einfach nicht mehr dabei.» Und das stimmte, ich war ganz woanders. Dieses Foto ist, glaube ich, aufgenommen worden, kurz bevor das alles anfing.
Jetzt fällt es mir wieder ein: wir hatten gerade gefrühstückt. Er kam rein, setzte sich mir gegenüber hin und sah mich an. Ich sah hoch und fragte: «Was gibt's?» Und er sagte «Ich brauche Bestätigung von dir.» – «Wobei?» fragte ich. «Daß du mich nicht verläßt.» Ich hatte noch gar nicht daran gedacht, auszuziehen, aber ich fragte mich langsam, ob Neil zu mir paßte. Oder will ich überhaupt eine Zweierbeziehung? So was ging mir schon durch den Kopf, aber ich dachte noch

nicht bewußt an einen Auszug. Und jetzt sprach Neil das aus, und ich wurde richtig wütend; nicht etwa, weil er wütend gewesen wäre. Ich war wütend, weil ich ihm die Bestätigung nicht geben konnte. Ich glaube, ich habe nur gesagt: «Mach dir keine Sorgen, ich ziehe nicht aus.»
Und einen Monat nach diesem komischen Vorfall sagte er wieder: «Weißt du, du mußt mir sagen, was los ist. Die letzten drei Monate warst du überhaupt nicht richtig anwesend. Ich weiß nicht mehr, was los ist, was in deinem Kopf vorgeht, wo du bist, wer du bist und so weiter.» Da habe ich zum erstenmal mit ihm darüber gesprochen, daß wir vielleicht doch nicht richtig zusammenpassen. In diesen drei Monaten hatte ich mehr Gleichgültigkeit empfunden als je zuvor in meinem Leben. Also ich war nicht völlig gleichgültig, aber unsere Beziehung hat mich nicht besonders interessiert.
Außerdem hatte ich eine Geschichte mit einem Jungen angefangen. Er war der erste Mann während der ganzen Beziehung mit Neil, mit dem ich mich mehr als einmal getroffen habe. Ich traf ihn einmal wöchentlich. Er ist auch der erste, von dem ich Neil nie etwas gesagt habe. Mir war schon klar, als ich ihn zum zweitenmal traf – ich hatte Neil tatsächlich angelogen, als ich ihm sagte, wo ich hingehe – also ich wußte, daß sich da etwas anbahnt. Ich meine, in meiner Beziehung mit Neil bahnte sich eine grundsätzliche Änderung an. Mein Bedürfnis, diese Vaterfigur um mich zu haben, wurde irgendwie kleiner. Ich hatte ziemlich die Verantwortung für mein Leben übernommen, und ich kam irgendwie wirklich gut zurecht ohne Neil. Das war zu sehen.

Willst du über Bild (16) etwas sagen?

Ach ja, richtig. Das Foto, das Bob Howard von mir gemacht hat. Das war im April, ungefähr zwei Wochen bevor ich wirklich auszog. Damals war schwer was los. Neil hatte sich in eine Beziehung mit jemand gestürzt, einen Monat nachdem ich ihm gesagt hatte, daß ich ausziehe. Ich empfand das als versteckten Versuch von Neil, mich zurückzugewinnen, und es hat auch bis zu einem bestimmten Punkt funktioniert,

16

weil ich irrsinnig eifersüchtig wurde. Ich meine, ich war zwar derjenige, der auszog, aber gleichzeitig konnte ich nicht damit umgehen, daß Neil mit einem anderen was hatte. Als dieses Foto aufgenommen wurde, war ich wohl am Tiefpunkt. Ich hatte meinen Job hingeschmissen, also meine Sicherheit aufgegeben, ich hatte meine Therapie abgebrochen, und ich zog aus der Wohnung.

Du wurdest erwachsen?

Es ist schon interessant, daß ich die drei Sachen auch zur selben Zeit angefangen hatte: ich zog zu Neil, fing die Therapie an und bekam nach zwei Wochen einen Job bei *Time-Life*. Und alle drei Sachen habe ich fast drei Jahre durchgezogen und dann auf einmal gleichzeitig abgebrochen. Damals war ich buchstäblich knapp vor dem Zusammenbruch. Ich habe jeden Tag Valium geschluckt. Ich habe nichts mehr geschafft. Ich lag im Bett und konnte nicht schlafen; dann stand ich plötzlich auf und rannte stundenlang in der Stadt rum, ich flippte aus, heulte rum, hatte Angstzustände und zitterte die meiste Zeit. Gut einen Monat lang, damals entstand dieses Foto. Dieses Bild kommt mir unglaublich anomal vor. Das war vermutlich der schlimmste Tag in meinem Leben, und trotzdem sehe ich unheimlich selbstsicher aus, als wäre ich ganz zufrieden und beinahe glücklich mit mir und meinem Leben. Und dabei war ich abgrundtief unglücklich. *(Lange Pause)*

Worin unterscheiden sich deiner Meinung nach schwule Beziehungen von heterosexuellen?

... Ich glaube, in erster Linie darin, daß du in der Schwulen-Szene leichter an Sex rankommst und daß du viele Probleme und Konflikte, die in einer Beziehung auftauchen, leicht außerhalb der Beziehung abladen kannst. Wenn ich sauer auf Neil war, konnte ich einfach sagen: «Heute abend gehe ich aus.» Ich konnte ausgehen und sicher sein, daß ich innerhalb von zwei, drei Stunden jemanden zum Bumsen finden würde. Also, das funktioniert in der Schwulen-Szene, da können sich zwei Männer sexuell begegnen, und nur sexuell, und beide wissen, daß das das einzige Motiv ist. Und wenn es gut war, tauscht man die Telefonnummern und trifft sich wieder. In der Hetero-Szene gibt es das nicht, oder jedenfalls nicht so leicht. Für einen Hetero-Mann ist es ein bißchen schwieriger, aus der Wohnung zu gehen, er kann nicht so sicher sein, seinen Konflikt für einen Moment zu lösen. Unter Schwulen ist das meist nur eine Frage von drei Stunden.

Was bedeutet es, daß Schwule keine Kinder haben? Und die gesellschaftliche Anerkennung –

Klar, denn sie haben nicht die Äußerlichkeiten, die von der Institution Ehe aufgezwungen sind. Sie haben keine Institutionen, an die sie ihre Beziehung anlehnen können. Sie haben keine Schwiegereltern, keine Kinder, keine Eltern-Lehrer-Verbände und keine Büro-Feten. Alles muß total von innen heraus kommen, total aus der Beziehung selbst heraus, aus einem echten Sich-Brauchen und Sich-Hingeben und Sich-Lieben. Dagegen ein heterosexuelles Paar, das zwanzig Jahre zusammen ist – ich bin sicher, daß die, wenn die auseinandergehen, sich vor allem damit beschäftigen, wie sie es den Kindern beibringen und wie sie diesen Bruch gegenüber anderen Paaren hinkriegen, die weiter in der Institution bleiben. Sie müssen sich wegen der Alimente auseinandersetzen. Sie müssen sich auseinandersetzen mit dem ganzen gesetzlichen Rahmen von Ehe und Trennung. All das ist eben auch eine Unterstützung für Hetero-Paare, die versuchen, ihre Ehe zusammenzuhalten. Schwule haben so etwas nicht, sie werden von keiner Institution unterstützt. Das heißt, alles muß aus irgendeinem wirklichen Sich-Brauchen, Sich-Hingeben kommen, wenn Schwule versuchen, zusammenzubleiben, und versuchen, sich zu verbünden gegen eine letzten Endes feindliche Welt.

Das klingt, als wäre das einzige, was ein schwules Paar zusammenhält, entweder Leidenschaft oder Bequemlichkeit.

Leidenschaft *und* Bequemlichkeit. Ja. Ich glaube, das stimmt. Aber auch wirkliche Liebe und Respekt. Leidenschaft und Bequemlichkeit allein genügen nicht. Ich glaube, auch eine Art von echtem Respekt für den anderen. Und eine Art von Beziehung, bei der wirklich die Möglichkeit sich zu entwikkeln besteht, eine Beziehung, bei der der eine durch den anderen wachsen kann. Ich glaube, das sind nicht bloß Leidenschaft und Bequemlichkeit. Es sind eine Menge Sachen, die sie wirklich zusammenhalten. Aber beide müssen sehr stark sein, um all dem Druck zu widerstehen, der sie auseinanderbringt. Also, zwei schwule Männer müssen schon eine starke Motivation mitbringen, um eine Beziehung durchzuhalten. *(Lange Pause)* ... Frag mich was. Ich weiß nicht, was ich sagen soll, wenn du mir keine Fragen stellst.

Was du zuletzt gesagt hast, interessiert mich sehr. Ich frage mich gerade, ob es überhaupt möglich ist, irgendeine dauerhafte Bindung auf Emotionen aufzubauen. Das scheint mir auch ein offensichtlicher Grund zu sein, warum sich so viele Schwule zusammen eine Wohnung oder ein Ferienhaus kaufen oder zusammen ein Geschäft aufmachen.

Ganz genau, um sich nämlich ihre eigene institutionelle Unterstützung zu verschaffen, eine Art sichere Grundlage, eine ökonomische und soziale Leistung, die beide miteinander teilen; ich glaube, das stimmt wirklich. Ich glaube auch, daß wir ein Gefühl erst dann wirklich durchhalten können, wenn wir schaffen, was wir vom Leben wollen.

Du sagst das so leichthin: wenn wir schaffen, was wir vom Leben wollen. Was willst du vom Leben?

Was ich vom Leben will?

Was ist das Wichtigste, was dir ein Liebhaber geben kann? Oder was Neil dir gegeben hat?

Achtung. Meine eigene Arbeit befruchten, meine Phantasie bereichern, mich lieben. Was das heißt? Mich lieben. Sich für alles zu interessieren, wofür ich mich interessiere, und auf dieselbe Weise.

Gibt dir oder hat dir die sogenannte Schwulen-Szene darüber hinaus noch etwas gegeben?

Klar.

Irgendeine Art Anerkennung oder –?

Mir persönlich?

Dir persönlich.

Ich kriege eine Menge körperliche Anerkennung. Das kommt drauf an, auf welche Ebene von Schwulen-Szene du dich beziehst. Also, da gibt es den Bereich, der mit Kunst zusammenhängt. In dem Bereich, naja, da bin ich mir nicht so sicher. Nicht unbedingt. Also, ich weiß nicht, ob ich von der Schwulen-Szene irgendeine andere Bestätigung kriege als sexuelle, körperliche. Ich glaube, es gibt unter Schwulen einen Sinn für Humor, den es in der ordentlichen heterosexuellen Gesellschaft nicht gibt, und der kommt zum großen Teil aus einem Mangel an Verantwortungsbewußtsein bei schwulen Männern. Sie können ihr Leben führen wie eine Sammlung von Kavaliersdelikten. Sie können durchaus verantwortlich im Beruf bleiben und ihrer Arbeit durchaus hingebungsvoll nachgehen. Aber sie haben eben keine Kinder und auch nicht zwei oder drei Zuhause. Dadurch sind sie eben nicht auf Unterstützung von außen, durch Gesellschaft oder Institutionen angewiesen.

Nun ja, auch der Zwang zum Doppelleben kann einem Ironie zur Gewohnheit werden lassen.

Da hast du recht, absolut.

Na gut. Ich möchte, daß du versuchst, diese ganze Beziehung irgendwie auf einen Nenner zu bringen. Das sind drei Jahre deines Lebens.

Nun, eines kann ich sagen, diese Beziehung war für mich wahrscheinlich in existentieller Hinsicht *der* Kampfplatz, an dem ich sehr viel über mich erfahren habe. Ich weiß nicht, ob dir das was sagt. In dieser Arena ist mir mehr über mich klar geworden, als irgendwo anders in meinem Leben. Also, in bezug darauf, wie meine Gefühle funktionieren, wie meine Psyche geschaltet ist, wo meine Grenzen sind und wo meine Möglichkeiten und das alles auf verschiedenerlei Art. Ich habe viel über mich entdeckt durch die Beziehung mit Neil.

Das klingt so, als wolltest du sagen, du bist erwachsen geworden ...

Ja, ganz recht, diese Beziehung hat mich näher an das herangebracht, was ich sein will. Man könnte auch sagen, die Beziehung ist noch nicht zu Ende. Das heißt, wir wissen nicht, wo wir im Augenblick stehen. Aber sie ist noch nicht zu Ende, denn da sind noch unglaublich starke Gefühle, und wir sehen uns auch noch ziemlich oft, wir reden fast jeden Tag miteinander. Unsere Leben sind sehr ineinander verflochten. Wir wissen beide nicht, wie das genau aussehen soll, aber wir sind sehr stark jeder Teil des anderen. Und ich kann mir nicht vorstellen, daß es in meinem Leben mal eine Zeit geben wird, wo Neil nicht mehr dazugehört. Aber in welchem Zusammenhang, das weiß ich nicht ... Ich glaube wirklich, ich bin irgendwie erwachsener geworden. Also, ich denke nicht, jetzt bin ich erwachsen. Ich bin immer noch nicht der, der ich sein möchte. Aber ich bin auf dem richtigen Weg. Und die Beziehung war der Haupt-Katalysator ... Obwohl sie auch irgendwie zerstörerisch war.

Wie meinst du das? Du bist doch anscheinend gut da rausgekommen.

Mit Ausnahme von ein paar Sachen, die Einbußen erlitten haben, zum Beispiel meine Sexualität, wie ich mich sexuell bewege.

Da hat es Einbußen gegeben?

Da hat es Einbußen gegeben. Ich meine, ich kann zwar bumsen, ich kann mich auch bumsen lassen. Ich kann da flexibel sein, aber ich kann nicht emotional einsteigen.

Seit wann ist das so – seit sechs Monaten? Das ist nicht so lange.

Nein, ich weiß. Es gibt ein paar Leute, mit denen ich regelmäßig zu tun habe. Sexuell. Das habe ich dir ja schon gesagt. Aber jedesmal wenn sie irgendwie Gefühle einbringen, ziehe ich mich sexuell zurück. Ich finde, das ist irgendwie ein Schaden.

Ich bin neugierig. Was, glaubst du, suchst du in der Person, auf die du dich als nächstes einlassen wirst?

Zumindest niemand, der jünger ist. Sondern ein Älterer. Ich traue *jungen Leuten* nicht. *(Lachen)* Guck dir doch mich an. Ich traue jungen Leuten wirklich nicht. Neil und ich hätten uns kennenlernen sollen in dem Alter, in dem wir jetzt sind . Ich meine, er hätte mich kennenlernen sollen mit fünfundzwanzig und nicht mit einundzwanzig. Ich mußte noch so viele Sachen erst mal durchmachen ... und ich war viel zu sehr angewiesen. Und er war zu jung, um damit umgehen zu können, daß ich ihn brauchte, um mich da zu befriedigen. Er brauchte selber noch viel zuviel, als er mich kennenlernte. Was ich über unsere Beziehung begreife, ist, daß sie an der Stelle gescheitert ist, wo wir beide emotional zu unreif waren.

Warum sagst du gescheitert?

Weil ich aus der Beziehung ausgestiegen bin.

Also ist jede Beziehung, in der man nicht zusammenbleibt, bis der eine oder der andere stirbt, gescheitert?

Hm ... nein, es hat mehr mit den Gründen zu tun, weshalb ich ausgestiegen bin, nämlich, daß ich meine Autonomie, mein Ich, mein Selbst zurückgewinnen wollte. Mein eigenes Selbst. Für mich ist das ein Punkt, an dem die Beziehung gescheitert ist: sie hat mein *Selbst* gelöscht. Das Paradoxe dabei ist, daß ich gerade dadurch mehr ich selbst geworden bin als je zuvor.
Ich glaube, ich verstehe noch immer nicht alles.

NEIL

Ich lernte Philip in einem Schriftsteller-Kurs an der *New York School* kennen. Er hatte lange goldene Haare und diesen braunen Teint, der so aussieht, als ob er nie wieder weggeht. Ich hatte gerade eine furchtbare Affäre mit jemandem hinter mir, die einen Monat gedauert hatte, und war nicht auf eine Beziehung aus. Ich war sechs Monate in Europa gewesen und gerade wieder zurückgekommen und in diesen Schriftsteller-Kurs gegangen, um wieder einen Draht zum Schreiben zu kriegen,

1

und da sah ich Philip, er saß vier Reihen vor mir. Ehrlich gesagt, ich hielt ihn nicht für schwul. Ich habe mir immer gesagt: «Selbst wenn er doch kein Hetero ist, auf jeden Fall ist er noch sehr jung, Neil.» Er war damals nämlich einundzwanzig, und ich war wie alt? Vierundzwanzig.
Ich habe ihn dann angesprochen, und ein paar Wochen später habe ich ihn gefragt, ob wir nicht zusammen Kaffee trinken gehen wollten, auf der *Christopher Street* in einem von diesen ausgebufften Cafés. Wir haben geredet und geredet, und ich habe ihn gefragt, ob er eigentlich schwul ist, und er hat gesagt, er wäre bisexuell oder so was. Er hatte damals was mit einer sehr schönen Frau. Ich war verrückt nach ihm. Er hatte dieses klassische Gesicht. Normalerweise fahre ich auf Leute

ab, bei denen irgendwas im Gesicht nicht ganz stimmt. Nicht so schlimm, aber irgendwas, was ich beinah primitiv finden kann. Und er war gar nicht primitiv, ganz im Gegenteil.
Also habe ich versucht, mich mit ihm zu verabreden, und eines Abends kam er zu mir, und ich habe mich auf ihn gestürzt. Er hielt sich sehr zurück. Ich hielt ihn für echt cool übrigens, ein echt cooler Typ, beherrscht, Südstaatler-Typ. Er war absolut nicht direkt. Er wich bei allen Antworten aus. Für mich war das eine angenehme Abwechslung, weil ich normalerweise immer mit sehr aufgekratzten Leuten zu tun hab und mich normalerweise auch nur sehr intensive Leute anziehen, aber dieser Fall hier schien anders zu sein. Er war jüdisch, aber nicht wie die New Yorker Juden.
Jedenfalls haben wir versucht zu ficken, aber irgendwie ging das nicht. Ich weiß auch nicht warum. Na ja, *that's life*. Weißt du, du gewinnst ein bißchen und verlierst ein bißchen. Und dann ging er wieder. Ich war sehr deprimiert, und was macht ein deprimierter Schriftsteller? Er schreibt eine Kurzgeschichte über das, was ihm da gerade passiert ist. Witzigerweise kamen wir beide zwei Wochen später in der Klasse dran und mußten unsere Sachen vorlesen. Philip hatte ein Stück über seine Ex-Freundin geschrieben oder so was, und ich hatte ein Stück über Philip geschrieben, das sehr anschaulich war, und die ganze Klasse ist ausgeflippt.

Wie hat das auf Philip gewirkt, als er die Geschichte hörte?

Ich glaube, er war wie hypnotisiert. Ich weiß nicht genau, wie er wirklich reagiert hat. Seine Geschichte war nicht so gut, hat der Lehrer ihm gesagt, aber meine kam an, das war ganz offensichtlich. Jetzt, wo ich ihn kenne, glaube ich, er hat ziemlich unter Konkurrenzdruck gestanden. Andrerseits fand ich das richtig, schließlich war ich ja älter. Ich hatte schon einen Roman geschrieben, ich war eben nicht gerade ein Neuling beim Schreiben.
Auf dem zweiten Foto war Philip gerade mit der Schule fertig. Ich glaube, er mußte sich einen Job suchen, also ließ er sich seine Haare ganz abschneiden und da sah er dann so aus.

2

Er hat mich durch alle möglichen Friseurläden geschleppt, ich selber bezahle immer drei Dollar für einen Haarschnitt. Ich schätze es nicht, fünfzehn oder zwanzig Dollar dafür auszugeben. Damals bin ich sehr mißtrauisch gegenüber Philip geworden. Ich fing an, mich in ihn zu verlieben, aber mit meiner Verliebtheit kam auch mein Blick für all die Sachen, die ich an ihm nicht mochte. Er hatte einen fast krankhaften Hang zur Schickeria, und er schiebt mir die Verantwortung dafür zu, weil ich ihm am Anfang immer gesagt habe, daß er so abgefetzte Klamotten anhatte. Ich erklärte ihm, wenn er in seinem Leben auf Sex aus wäre, dann sollte er sich auch sexy anziehen, und dann hat er eine Kehrtwendung gemacht. Danach ließ er sich diesen Haarschnitt machen, und es war eine Katastrophe. Er sah aus wie eine Schwuchtel von der *Upper East Side*. Da stand mir nun gar nichts mehr. Gleichzeitig machte es mir nicht viel aus.

Hast du ihm gesagt, daß du den Haarschnitt furchtbar fandest?

Nein. Aber es hat mir nicht viel ausgemacht. Ich fing an, mich in ihn zu verlieben. Ich habe ihm schon klargemacht, daß ich die Sorte Haarschnitt nicht besonders schätze. Aber

ich habe ihm auch gesagt, daß das wirklich nicht so wichtig war. Er gehört zu den Leuten, die so etwas verkraften können. Der kann das wirklich verkraften.
Aber der große Höhepunkt zu dieser Zeit war die Party, die seine Freunde Terry und Sally gaben. Sie waren Schlüsselfiguren in seinem Leben, diese Art nettes «Elternpaar». Ich glaube, Philip war in Terry verliebt. Es hat mich gar nicht gewundert, daß ich so ähnlich aussah wie Terry, ich hatte auch so eine ähnliche jüdische Mütterlichkeit drauf wie Terry. Aber das wurde mir erst später klar, nachdem ich Terry kennengelernt hatte. Jedenfalls machten die eine Geburtstagsparty für Sally, und ich war zum erstenmal eingeladen, um seine Freunde, seine Familie kennenzulernen. Diese Sharon war auch eingeladen und hatte, obwohl sie mich überhaupt nicht kannte, drei Valium genommen, um mit der Situation fertigzuwerden. Ich hatte überhaupt nichts genommen. Ich nahm damals keine Drogen.
Also ging ich auf diese Party draußen in Brooklyn. Eine richtige Inzest-Clique, aber sehr nett. Alle waren wirklich innig und echt warm zueinander. Meine Familie steht mir auch sehr nahe, aber Freunde habe ich nicht so viele. Ich habe einfach kaum Freunde. Jetzt, wo ich diese Radiosendung mache, kenne ich auch einen Haufen Leute, aber Freunde habe ich nicht viele, weißt du. Mein Leben ist eigentlich wirklich einsam. Aber so ist das eben. Deshalb hat mir die Idee gefallen, in diese Familie da einzusteigen. Und Sharon kam, und Sharon war umwerfend. Sie war die schönste Frau, die ich je im Leben gesehen hatte. Sie hatte ein makelloses Gesicht, vollkommene Haare, ganz ganz lang – ich weiß gar nicht mehr wie, golden oder braun oder sonst irgendwas Schönes –, und sie hatte umwerfende Augen und eine schlanke Figur, und sie und Philip waren das vollkommene Paar. Ich begann, richtig Schuldgefühle zu kriegen. Ich war dabei, dieses vollkommene Paar zu zerstören. Ich tat absolut alles, um dieses vollkommene Paar zu zerstören. Ich sah sie zusammen tanzen, und sie sahen aus wie gerade dem *Tristan* entstiegen oder so, sie waren einfach bildschön. Aber Sharon flippte schon langsam total aus.

Hattest du damals schon Sex mit Philip?

Ja. Aber es war nicht so toll. *(Lachen)* Wir haben uns unheimlich gestritten, weil ich überhaupt keine Lust hatte, nach Brooklyn rauszufahren. Er wohnte da. Und ich hatte eine Riesenwohnung, das war meine Festung, und ich war älter. Er wohnte in so einem Apartment im Pseudo-Beat-Stil, das heißt ganz teuer, diese Sorte Wohnung wie an der *Upper East Side* in diesen Backsteinhäusern oder mit Fachwerk oder so was. Ich kann mich nicht mehr so gut daran erinnern. Ich kann mich nur noch erinnern, daß ich die zu modisch und zu komfortartig fand und daß ich langsam anfing, ihm gegenüber deswegen mißtrauisch zu werden.

Aber ich fing an mich zu verlieben und mußte irgendeinen Weg finden, um Sharon auszubooten. Ich hatte nicht die geringste Absicht, ihn mit ihr zu teilen, und zu dem Zeitpunkt der Party fühlte er sich noch zu beiden Seiten hingezogen. Ich dagegen hatte das Gefühl, zu verlieren. Ich fühlte mich am Boden zerstört auf dieser Party, weil ich das Gefühl hatte, sie hat gewonnen. Sie war viel viel schöner, als ich jemals sein könnte, und er war schon über ein Jahr mit ihr zugange, also hatte sie mir was voraus. Dazu kam, daß Sally und Terry und überhaupt alle da klar zeigten, auf wessen Seite sie standen.

Ich flippte echt aus. Schließlich zerrte ich Philip ins Badezimmer und erklärte ihm: «Hör zu, ich geb's auf. Ich gehe.» Philip wollte nicht, daß ich gehe, aber er flippte auch langsam aus und blickte auch nicht mehr durch. Also ging ich weg, und auf dem Weg zur U-Bahn drehte ich mich dauernd um, in der Hoffnung, er käme hinter mir her. Es war traurig, aber *that's life*. Ich fahre nach Hause. Ich gehe ins Bett. Um zwei Uhr morgens höre ich jemand an der Tür klopfen. Ich wache auf, frage, wer da ist. Es war Philip. Er ist dann praktisch erst zweieinhalb Jahre später wieder gegangen.

Ungefähr anderthalb Monate danach kam er an und überfiel mich – zack bumm – mit der Bitte, er wollte bei mir einziehen. Aber ich hatte da so meine Zweifel an ihm. Er war immer noch cool, aber auch sehr aufdringlich. Ich wurde leicht

nervös. Er mußte mich regelrecht davon überzeugen, daß das eine weise Entscheidung war. Ich hielt es für das Blödsinnigste, was ich machen konnte. Ich war dagegen, aber ich machte es trotzdem. Er zog ein, und ich wurde krank. Richtig körperlich krank. Ich lag flach, ich konnte mich vier Tage lang nicht rühren. Ich hatte das Gefühl, ich liege auf dem Sterbebett. Alle meine Freunde kamen mich besuchen, saßen neben mir auf dem Fußboden und spendeten Trost. *(Lachen)* Ich war total durchgedreht. Ich war so von ihm angezogen, weil er alles war, was ich nicht war. Er war nicht so bodenständig. Er schwebte in höheren Regionen. Er war einfach alles, was ich nicht war.
Philip gab sich immer so ganz befreit. Ich bin wirklich tolerant, ich bin wie mein Vater. Stimmt, mein Vater ist nicht besonders eingenommen von Homosexualität. Aber er ist da ganz flexibel. Wenn es angebracht ist, seinen schwulen Sohn zu akzeptieren, dann akzeptiert er eben seinen schwulen Sohn. Also, ich bin schließlich sein Sohn, nicht? Und ich bin ehrlich tolerant gegenüber dem, was andere Leute machen, denn ich gehe davon aus, daß es mich eigentlich nichts angeht. Und solange ich das Gefühl habe, sie sind wirklich auf meiner Seite, können sie von mir aus jeden Scheiß machen, es kümmert mich nicht. Philip schien auch so zu sein. Das war toll, denn ich stehe wirklich auf Promiskuität. Und ich hatte nicht die geringste Absicht, mir das abzuschneiden, bloß wegen Liebe. Dann gab es noch ein grundsätzliches Problem, und das war, glaube ich, das schwerste Problem, das wir hatten. Philip war nicht mein Traumtyp. Ich meine, ich war in Philip verliebt, aber er war nicht mein Traum-Italiener. Er war nicht einmal griechisch. Viel an ihm war so banal, daß es mich erschreckte.

Was soll das heißen?

Banal. Ich wußte schon genau über ihn Bescheid, noch bevor – wir mußten uns nicht einmal etwas darüber sagen. Unsere Entwicklung war identisch. Wir hatten beide dominierende Mütter, sein Vater war zurückhaltend, mein Vater war zurückhaltend, wir hatten ältere Geschwister, die ausgesprochen begabt und erfolgreich waren. Er hatte dieselbe liberale jüdische Erziehung wie ich gehabt – mit dem einzigen Unterschied, daß in ihn alle Erwartungen gesetzt wurden und in mich nicht. Aber abgesehen davon gab es so viele banale Gemeinsamkeiten, die einen wohl nahe zusammenbringen, aber auch sehr unromantisch sind. Ich glaube, ich brauche Distanz. Eine bestimmte Art exotische Distanz. Und solange Philip für mich der Südstaatler war, hatte er etwas Exotisches. Mir geht fast einer ab, wenn ich bloß diese gedehnte Südstaaten-Sprache höre. Aber sowie er eingezogen war, war er nur noch Philip. So ungefähr: «Scheiß auf den ganzen Kram. Scheiß drauf, was ich für dich noch alles darstelle, ich bin jetzt nur noch ich.» Und dieses «Ich» wurde ganz plötzlich jemand, der wegen allem, was ich tat, ausflippte.

Also das war, als ob ein Hurrikan eingefallen wäre. Ein kleiner Sommerwind, der sich zu einem Hurrikan auswuchs. Und ich glaube, der Schock, den mir sein Einzug verpaßt hat, war schuld, daß ich ihn betrog, und ich fing auch an, unheimlich viel fernzusehen. Offensichtlich wollte ich vor etwas flüchten.

Also, Philip zieht ein mit seinem ganzen Krempel und fängt an, in diesem Fotoladen zu arbeiten. Irgend sowas Komisches. Ein richtiger langweiliger Job, der einen kleinkriegt. Und wenn er nach Hause kam, hatte er die Erwartung, ich würde ihn unterhalten. Ich meine, da geht man arbeiten, acht Stunden in einem langweiligen Job, und dann kommt man nach Hause zu seinem Liebhaber, und dieser Liebhaber soll dann für einen singen und tanzen. Show machen. Dabei arbeitete ich selber sechs Stunden an etwas, an dem ich wirklich hing, an meinem Roman nämlich. Also wollte ich selber meine Entspannung haben. Ich wollte mit diesem Scheiß gar nichts zu tun haben. Und Philip entpuppte sich an der Stelle als echtes Schwergewicht. Weißt du, er wollte Problemanalysen machen. Ich werde immer für jemand gehalten, der die Probleme in seinem Leben durchaus analysiert, und ich finde das auch wichtig, aber er machte eine Kunst daraus – so unge-

fähr, das Problem zu analysieren dauerte zehnmal so lange wie das Problem selber. Wir haben es trotzdem überstanden.
Ich habe eine wirklich stoische Beziehung zum Leben und ich glaube, solange die guten Sachen sich mit den schlechten die Waage halten, bin ich auch bereit, mich mit all dem Scheiß auseinanderzusetzen. Ich wußte auch, daß ich rigide bin. Ein Fremder würde sich nicht träumen lassen, mich so zu bezeichnen, aber ich selber wußte, daß ich es bin und daß ich mit Gefühlen nicht gerade locker umgehen kann. Ich bin in einer Familie großgeworden, die nicht locker mit ihren Gefühlen umgehen konnte. Wir waren überhaupt nicht körperlich miteinander. Ich bin der einzige in der Familie, der sich körperlich verhält. Meinem Vater wäre es nie in den Sinn gekommen, mich zu küssen, und meine Mutter küßte mich höchstens auf die Wange. Sie hatte eine deutsch-jüdische Mutter gehabt, und wenn du irgendwas von deutschen Juden weißt, weißt du auch, daß du da Gefühle vergessen kannst. Die können nicht aufeinander eingehen.
Ich glaube, mit dem Sex ging das am Anfang nicht besonders gut. Ich weiß nicht mehr genau. Ich glaube, ich will mich auch nicht mehr daran erinnern. Sex war echt schwierig. Ich hatte noch nie, egal für wie lange, mit ein und derselben Person vier-, fünfmal in der Woche gebumst. Ich hätte fast gesagt, ein-, zweimal, aber es war wirklich vier-, fünfmal, und für mich war das eine Riesenleistung. Das ist spannend, denn solange Philip nicht bei mir eingezogen war, hätte er mit mir ficken können, sooft er wollte. Als er eingezogen war, ging das nicht mehr, und zwar zu einem großen Teil deswegen, weil ich mich danach von ihm so unter Druck gesetzt fühlte. Er wollte dauernd mit mir bumsen, und er kam immer mehr auf den Geschmack am Sex – wie überhaupt an fast allen Sachen – mehr als irgend jemand, den ich sonst getroffen hatte. Ich werde das mein Leben lang nicht vergessen: ich versuchte Musik zu hören, mit ihm zusammen, Musik ist ein wesentlicher Teil meines Lebens. Also, ich bin damit aufgewachsen, und ich habe dreizehn Jahre lang Musik geschrieben. Ich kann heute noch nicht wieder Mahler spielen – ich habe mich zu

sehr dabei über Philip geärgert. Philip lag hier auf dem Sofa, und wir versuchten, zusammen Mahler anzuhören – ich hatte die Vorstellung, wir könnten das zusammen –, aber er hörte sich Mahler an und war ganz weit weg in seiner eigenen Welt. Geh mal in eine Diskothek und guck dir diese ganzen smarten Typen an, wie die tanzen, die tanzen nicht mit ihren Partnern, die tanzen mit sich selbst, so war das auch.

Wußten deine Eltern, daß du schwul bist, als du Philip kennenlerntest?

Ja klar. Daß ich schwul bin, ist schon eine lange Geschichte – mit Etappen von reichlich bisexuell aktiv sein, dann ausschließlich schwul, dann wieder bisexuell und wieder ausschließlich schwul. Meine Eltern haben das auf sehr negative Weise erfahren – jemand hat ihnen einen Brief geschrieben. Nicht wegen Geld oder so was, einfach um mich zurückzukriegen, und ich weiß nicht mal, wer den Brief geschrieben hat. Damals war ich siebzehn – da waren noch nicht allzu viele Leute *schwul* –, und meine Eltern waren total entsetzt. Mein Vater drohte, mich aus der Familie auszustoßen und aus dem Testament zu streichen. Er hatte so etwas mir gegenüber noch nie vorher erwähnt, und mit diesem Ausstoß bedroht zu werden, war unheimlich hart für mich. Ich hatte gerade ein Stipendium für ein Studium in England gewonnen, und in England war Homosexualität gerade legalisiert worden. Und mein Vater kriegte Tobsuchtsanfälle! *(Lachen)*
Wir machten diesen ganzen Riesenkampf miteinander durch – ich ging zum Psychiater, sie gingen eine Woche später zu demselben Psychiater, und in der dritten Woche gingen wir alle drei. Es war eine der erschreckendsten Erfahrungen meines Lebens, denn der Analytiker warf meinem Vater alle möglichen Dinge vor, bloß damit er emotional reagiert. Er nannte meinen Vater ein Stück Scheiße und all solche Sachen. Ich habe ihm dann gesagt: «Sie können meinen Vater nicht ein Stück Scheiße nennen» – und meine Mutter brach in Tränen aus: «Sie können meinen Mann nicht ein Stück Scheiße nennen.»

In welchem Jahr war das?

Das war 1967. Am Ende wurde es echt hart ... meine Eltern waren bereit, mir eine Wohnung in Manhattan zu bezahlen, wenn ich nur wieder normal werden würde, und der Analytiker erklärte, es würde mindestens fünf oder sechs Jahre dauern, wieder normal zu werden, dabei *wollte* ich gar nicht normal werden. Also habe ich gesagt, ich würde lieber keine Analyse machen, sondern lieber nach England gehen. Da hat mein Vater dann klein beigegeben und gesagt: «Gut, geh nach England – ich will damit nichts mehr zu tun haben.»
Ich fuhr also nach England, und wie die Schwulen in England leben, ich meine, hier ist es schon schwer genug, aber da war es echt schlimm. Also habe ich da, allein mit mir und aus gesellschaftlichen Gründen heraus, mit mir abgemacht, daß ich wieder normal sein wollte –, oder wenigstens Bisexualität praktizieren wollte –, und tatsächlich hat mich mein Couchheini wieder zu einem bisexuellen Aktivisten zurechtgedreht.

Was war mit Philip und deinen Eltern?

Philip und meine Eltern. Okay. *(Pause)* Er gehörte bald zur Familie. Sowie ich mir selber über mein Schwulsein ganz im klaren war, habe ich das auch meinen Eltern ganz klar gesagt – mir gegenüber und denen gegenüber, mit denen ich zu tun habe, habt ihr euch zu benehmen, ich möchte, daß ihr das ernst nehmt. Wenn ihr das nicht ernst nehmt, könnt ihr das vergessen, mich noch mal zu sehen. Und darüber will ich keine Auseinandersetzung. Ich war sehr unnachgiebig in diesen Sachen. Es war dann auch interessant für mich, wie die verschiedenen Leute in meiner Familie darauf reagiert haben, daß ich offen schwul war, denn es gab Sympathie aus den überraschendsten Ecken. Die Schwester meiner Mutter zum Beispiel, die sehr großbürgerlich und kultiviert ist, hat sich mir gegenüber phantastisch verhalten. Von ihr hätte ich zuallerletzt erwartet, daß sie Philip offen wie meinen Verlobten behandeln würde. Ich kann mich noch an den ersten Seder-Abend erinnern, als Philip mit mir zusammenlebte. Sie feierte immer Seder. Und sie ist da über ihren Schatten gesprungen und hat zu mir gesagt, sie hoffte, daß Philip auch käme. Das war die erste Gelegenheit, wo ein Mitglied meiner Familie, abgesehen von meinen Eltern, Philip bewußt als Schwulen wahrnahm. Ich war total überwältigt. Ich fand das unheimlich toll. Es war sehr wichtig für mich. Sie war sowieso meine Lieblingstante gewesen, aber jetzt wurde sie zu einer Göttin für mich. Meine Mutter räumte schließlich ein, sie hielte mich für verrückt. Das war ihre Art, zuzugeben, daß sie mich endlich als Individuum betrachtete.

Sie mochte Philip sehr gern, heute noch. Sie wurde eine Mutter für ihn, wirklich, seine Eltern lebten ja so weit weg in Florida. Und sie und Philip führten ganz ganz heftige Diskussionen über Sex – über alles. Das war wirklich wahnsinnig, meine Eltern fuhren jeden zweiten Sonntag oder so mit uns nach Chinatown, und Phil und meine Mutter standen irgendwo an der Ecke und unterhielten sich über Sex oder irgendwas. Mein Vater kriegte immer Zustände: «Sieh dir doch mal dieses Gemälde an» – es gibt ja wirklich ein paar scheußliche Gemälde in chinesischen Restaurants, nicht? –, und dann erzählte er mir, wie schön die sind. *(Lachen)* Trotzdem, mein Vater ist mein Vater. Er behandelte Philip wirklich wie seinen eigenen Sohn. Er war echt nett zu ihm und fragte ihn, wie es meiner Gesundheit ging – Sachen, die Schwiegereltern eben die Kinder fragen.

Einmal hat mich mein Vater auf meinen Ohrring angesprochen. Beim Essen sagte er: «Neil, heißt der Ohrring in deinem linken Ohr, daß du schwul bist?» Und meine Mutter antwortete: «Nein, natürlich heißt er das nicht. Er heißt, daß er schwul ist und einen Lover hat. Im rechten Ohr heißt er, daß man keinen Lover hat.» Und ich sitze dabei und sage: «Huch. Wo hast du das denn gelesen, im *Time Magazine* oder irgend so einem Käseblatt?»

Philip und meine Eltern kamen wirklich gut miteinander aus.

Wie war das mit Philips Eltern?

(Lachen) Na ja, also gut. Philip hat es seinen Eltern gesagt, als er mit mir zusammen war. Ich glaube, als Homosexueller findet man es immer leichter, sich offen für schwul zu erklären, wenn man einen Lover hat. Ich würde wohl auch niemandem raten, es allein zu tun. Als Philip zu mir gezogen war, hatte er wirklich die Kraft dazu. Es hat mir gefallen, denn ich bin politisch sehr bewußt, und ich war offen schwul, zumindest verglichen mit einer Menge anderer Leute.

Wie haben seine Eltern reagiert?

Also, seine Mutter, die ist sehr sehr intelligent und liberal, klang plötzlich wie ein Baptisten-Prediger in ihren Briefen. Das hat mich geschockt. Wirklich *unglaublich*, was für eine Hetze die da schrieb. Unsere Wohnung nannte sie *Lasterhöhle* und meine Mutter nannte sie ein *Tunten-Flittchen (Lachen)* ... lauter so ein kaputtes Zeug. Liberale können eben wirklich nicht mit Homosexualität klarkommen. Das gehört eben nicht zu ihrer Wirklichkeit. Überhaupt nicht. Und da die meisten Leute sowieso schon genug Probleme mit ihrer eigenen Sexualität haben, ist es auch kein Wunder, daß es soviel Angst vor Schwulen gibt. Aber für seine Mutter war ich insbesondere der Feind.
Mir war völlig klar, was da ablief: es war ein Kampf zwischen mir und seiner Mutter, und gleichzeitig wünschte ich mir so, daß sie es akzeptieren würde. Daß sie mich akzeptieren würde.

Bist du ihr mal begegnet?

Nein. Aber ich kann dir eine lustige Geschichte erzählen. Auf eine bestimmte Art bin ich ihr nämlich begegnet. Sie kam nach New York rauf – seine Eltern kamen regelmäßig. Sie ist eine bekannte Fotografin. Es gab eine Vernissage für Edward Weston im *Museum of Modern Arts*. Ich mußte diese Frau kennenlernen. Mit Philip und seiner Mutter war das damals so, daß er immer, wenn er mit ihr Probleme hatte, das an mir ausließ. Also, er bekam einen Brief oder einen Anruf von seiner Mutter, und ich *wußte*, die nächsten achtundvierzig Stunden ist wieder der Teufel los. Das war irgendwie, wie wenn man an der Marne steht und die Deutschen zurückdrängen muß, oder in Leningrad, auch die Deutschen zurückdrängen ... *(Pause)* immer sind es die Deutschen, nicht? (*Lachen*) So habe ich seine Mutter wahrgenommen. Jedesmal wenn er etwas von ihr bekam, ließ er das an mir aus. Zuerst wollte er nicht zugeben, daß er das tat – er hatte schlechte Laune, er kochte nicht, er tat dies nicht und das nicht, und so ging das eine Zeitlang weiter. Ich hatte dauernd die Idee, ich rufe jetzt seine Mutter an und erzähle ihr: «Sagen Sie mal, was bilden Sie sich eigentlich ein, daß Sie ihn so behandeln und daß Sie mich so behandeln!» Sie hatte nämlich angedroht, nach New York zu kommen und ihn aus der Wohnung zu holen – das klang ganz nach so einer Wahnsinnssituation, wo alles auseinanderfliegt.

Na ja, jedenfalls kam sie mit seinem Vater nach New York zur Edward Weston-Ausstellung, also ging ich da mit Susan hin – unserer Freundin Susan. Ich sollte so tun, als ob ich irgendwer anders wäre. Aber sie hatte ja noch nicht mal ein Foto von mir gesehen, also hatte ich das gar nicht nötig. Ich stand während der gesamten Eröffnung neben ihr. Ich stand immer genau neben ihr, egal wohin sie ging, ich ging mit. Ich hörte, was sie sagte. Ich beobachtete, wie sie sich bewegte. Ich beobachtete jede einzelne Regung. Ich kannte sie inzwischen von vorne und von hinten, aber ich mußte das alles mit meinem Bild von ihr zusammenbringen. Ich war so drauf und dran, irgend etwas zu ihr zu sagen, irgendeine blöde Bemerkung – nicht als ich, sondern als irgendein Besucher der Ausstellung. Aber das war nicht das richtige. Für seinen Vater habe ich mich überhaupt nicht interessiert. Sein Vater war wie meiner, richtig nett und richtig diese Sorte im Hintergrund. Schließlich war sein Vater sogar bereit, sich mit uns auseinanderzusetzen, mich kennenzulernen, beim Essen oder so, aber da hatten Philip und ich gerade einen Krach mit Schlußmachen. Ich wollte, daß seine Eltern mich akzeptieren.

Wirklich akzeptieren. Ich habe seine Schwester kennengelernt, mit der kam ich irgendwie so aus. Wir hatten beide eine ähnliche Anschauung, waren beide durch die sechziger Jahre gegangen. Ich verstand viel von Philip durch seine Schwester. Auch durch seine Mutter – durch die Briefe seiner Mutter und solche Sachen.
Aber ich hatte gleichzeitig das Gefühl, meine Eltern sind eine Ecke besser als seine.

Kannst du dich noch erinnern, wann du dich verliebt hast?

Oh, ich habe mich in der ersten Minute, in der ich ihn sah, in ihn verliebt. Ich schmolz nur so dahin. Ich meine, ich bin ganz weggeschmolzen. Er war so schön. Er war es wirklich. Er ist es. Er hatte diese zeitlose Schönheit und diese traurigen Augen. Und er war tatsächlich lebendig. Ich meine, viele Männer wirken schon so tot, obwohl sie jünger sind als ich. Sie sind praktisch tot. Sie töten sich selber ab, weißt du. Sie schnappen sich Lovers und machen einen auf Beziehungen. Oder sie machen auf Sub-Szene und Aufreißen, oder auf Diskothek-Szene. Weißt du, innerlich sind die im Grunde genommen abgestorben. Phil war lebendig. Er war sehr lebendig. Aber er war gefährlich. Mann, ist der gefährlich. Ich werde das nie vergessen, ich rief meinen Freund Paul an, und Paul sagte zu mir: «Weißt du, Neil, Philip ist wirklich schön. Keine Frage, und er ist wirklich auch interessant und hat was los und blablabla, und außerdem, Neil, er könnte ein bißchen zu jung sein.» Das war das einzige, woran ich ausgeflippt bin – ich stehe nicht auf Ältere oder so was, aber jemand, der zu jung ist, kann mir gefährlich werden. Das war immer schon so. Eigentlich mag ich gern Gleichaltrige, ich glaube, mit Gleichaltrigen hat man gefühlsmäßig die gleiche Wellenlänge. Aber Philip war jung, und ich wußte das. Ich wußte schon von Anfang an, daß es aufhören mußte. Ich wußte, er würde mich verlassen. Ich wußte das und ich blockte es immer ab. Ich habe es ihm auch gleich am Anfang gesagt: Philip, ich weiß, du wirst mich verlassen. Und klar, bei so einer Einstellung ist es kaum ein Wunder, daß alles darauf angelegt war, daß er mich verließ. Ich bin also genauso verantwortlich dafür wie er.

Und als er ging?

Ich habe keinen Schock gekriegt. Nein, als er endlich auszog, war schon so viel gelaufen, und ich hatte die Nase voll von ihm und stellte ihm ein Ultimatum, entweder sich zu ändern oder zu gehen. Ich habe nicht gesagt: geh. Ich habe gesagt, entweder du änderst dich oder ich suche mir jemand anderes. Ich versuchte auch weiter, mich mit jemand anderem einzulassen, aber das kommt erst Jahre später.

Das nächste ist ein frühes Foto von dir?

Ah ja, das. (3) In so einen Typen würde ich mich verlieben. Ich meine, mit so einer Haltung. Das ist ein gestelltes Foto.

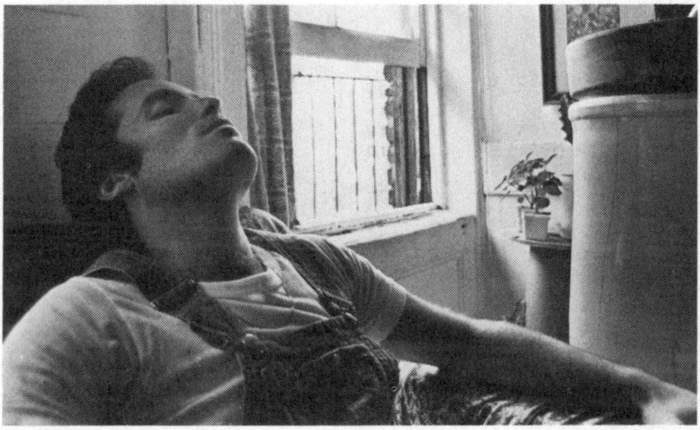

3

Ein gestelltes Foto? Der hart arbeitende, ernste, junge Schriftsteller?

(Lachen) Genau. Genau das Image wollte ich haben, und er hat es genau herausbekommen. Genau das hat er gesehen. Ich war ein Überbleibsel aus den frühen Sechzigern, nicht mal den späten. Für die späten Sechziger war ich zu alt, für diesen ganzen Hippie-Kram, weißt du. Mein Bewußtsein wurde durch die frühen Sechziger geformt. Die ganze Bürgerrechts-

bewegung, die ganze Bob Dylan-Sache – das hat den stärksten Eindruck in mir hinterlassen. Und dann vier Jahre Studium in Europa, da hatte ich auch diese gewisse Weltläufigkeit her. Ich war richtig ein Mann von Welt.

Wo hast du studiert?

In England. In England habe ich viel besser geredet als jetzt, richtiges transatlantisches Englisch, da konnte keiner mehr sagen, ob ich ein Multimillionär aus Boston war oder ein Sohn aus der jüdischen Mittelschicht in *Forest Hills*.

Was, glaubst du, hat Philip an dir angezogen?

Ich kann dir nur sagen, was er selber mir gegenüber behauptet hat, daß es meine Verletzbarkeit war. Er behauptet auch, diese Verletzbarkeit dauerte immer nur ein paar Sekunden lang. Also, so wie er mich beschreibt, würde sich jeder in mich verlieben. Ehrlich. Ich wäre ein paar Sekunden pro Tag verletzbar, und er würde sich in mich verlieben. Ich kaufe ihm das nicht ab.

Warum, glaubst du, hat er es getan?

Was?

Sich verliebt.

Ich weiß es nicht. Alles was ich an mir für interessant hielt, fand Philip nicht interessant, und in alles, was ich an mir nicht interessant fand, hat er sich verliebt, womit man mal wieder sieht, über Geschmack läßt sich nicht streiten. Oder über Liebe. Ich war wohl sexy. Ich habe ihn wirklich heiß gemacht. Ich habe ihn vergöttert.

Du warst sexy, aber du hast gerade gesagt, mit dem Sex ging das in den ersten Monaten gar nicht so gut.

Ich war verliebt in ihn, das hat mir nichts ausgemacht. Wenn du verliebt bist, macht dir das nichts aus.

Aber ich möchte gern wissen, warum er sich deiner Meinung nach wirklich in dich verliebt hat.

Da gibt es kein wirklich, das war Phantasie. Da gab es keine Wirklichkeit. Ich meine, Wirklichkeit, das ist nur eine schmale Linie zwischen dem, wie Philip mich wirklich sah und wie er mich phantasiert hat.

Gut, aber welchen Grund hatte er dafür? Glaubst du, es war Sex?

Nein. Vielleicht war ich wirklich offen, verglichen mit den meisten Leuten, die er kannte ...

Du hast ihn angebetet.

Ich habe ihn angebetet.

Glaubst, daß es das war?

Ich habe ihn angebetet, ich war sehr direkt ihm gegenüber, ich habe ihm gesagt, daß ich mich in ihn verliebt habe, und er war nicht gewöhnt an Leute, die so direkt sind. Ich weiß noch, wie wir einmal in einem Restaurant saßen, mein Gott, drüben auf der *Macdougal Street*, was habe ich ihm da noch gesagt? Ich habe ihm erklärt, daß ich ihn begehre. Weißt du, ich bin echt unverblümt. Ich habe ihm einfach gesagt, daß ich in ihn verliebt war und ihn begehrte. Und er konnte nichts darauf sagen, er wußte nicht, was er darauf sagen sollte. Er war am Anfang nicht in mich verliebt. Das war mir sehr klar. Aber ich kannte auch meine Methoden, und ich würde ihn schon in mich verliebt machen. Und das habe ich auch. Ich war bloß ich selbst, das war das einzige, was ich zu tun hatte, denn ich wußte genau, ich war eine echt attraktive Eroberung, nicht. Ich werde es mal so nennen. Ich hatte alles, was man äußerlich so braucht ...

Gutes Aussehen.

Ja, ich sehe ziemlich gut aus, ich sehe sehr gut aus – mein Gott, das ist ja schrecklich, so was auf Tonband zu sprechen.

Na gut, also ich sehe gut aus, lassen wir mal gut aussehen so stehen. Ich habe Stil. Ich halte mich nicht für gewöhnlich. Ich gehöre wohl nicht zu diesen Null-Acht-Fuffzehn-Tunten. Ich habe feste Grundsätze, so in Form von Engagement, weißt du, also politisches Engagement. Feste linke Grundsätze. Philips Schwester hat auch feste linke Grundsätze, und er ist selber damit groß geworden. Also hatten wir eine ziemlich übereinstimmende Weltanschauung. Ich hatte außerdem diese europäische Sicht. Ich war in Rußland, ich war in Indien, ich bin überall herumgereist. Ich hatte die Reisemanie. Wir Schützen haben die alle.

Meinst du, das war wichtig dafür, daß er sich in dich verliebt hat?

Es hat ihn überwältigt. Hätte es mich auch, weißt du. Zum Beispiel, wenn ich einen Konzertgeiger kennenlerne, oh, ich verliebe mich sofort in den, einfach so. Ich glaube, man ist immer überwältigt, wenn man bei jemandem einen festen Boden spürt. Ich war auf der *London School of Economics*, ich konnte fließend Französisch sprechen, ich war toll. Jetzt nicht mehr, ich *war* mal toll. Ich weiß nicht, warum er sich in mich verliebt hat. Ich nenne dir lauter Gründe, warum er es vielleicht gemacht hat.

Ich war nur neugierig darauf, was du denkst. Du wirst dich wundern, wenn du liest, was er dazu denkt.

Ich glaube ihm das nicht. Ich glaube nämlich nicht, daß er dabei ehrlich ist. Ich glaube, daß er sich selber nicht gern oberflächliche Motive zuschreiben mag. Es müssen immer ganz tiefe Beweggründe sein für ihn, und ich glaube nicht, daß die Leute so sind. Ich denke, wir bestehen alle aus tiefen und sehr oberflächlichen Beweggründen, bei allem, was wir machen. Ich glaube, ich biete große Sicherheit für jemanden, der mit mir was anfängt. Ich glaube, er hat das gewußt. Ich bin wirklich zuverlässig. Ich bin nicht flatterhaft. Obwohl ich jetzt wieder davon abgekommen bin, aber eigentlich bin ich nicht flatterhaft.

4

Ich im Dampf. Ich glaube, Genet hat mir als erster die Augen geöffnet für das Nächtliche, für das Leben zwischen Mitternacht und Morgengrauen. Und ich habe auch einen Zug von Besessenheit für Satanisches. Zum Beispiel S/M, also ich bin nicht besonders drin in der Sado-Maso-Szene, aber ich war neugierig. Ich habe es aber nie mit Philip gemacht, ich hatte ihn auf ein Podest gestellt. Und deshalb, was immer auch sich in meinem «Phantasie-Leben» abspielte, mit Philip war alles romantisch. Wie eine Vollblut-Romanze aus dem neunzehnten Jahrhundert. Er sah aus wie ein Botticelli. Das ist die einzige Phantasie, die ich wirklich zu ihm hatte. Ein Botticelli.
Dieses Foto zeigt die Seite von mir, die Philip wirklich als ambivalent empfand. Das ist dieses dämonische Image. Wie ich aussehe, meine Haltung, die dämonische Haltung, die ich mir ganz leicht draufschaffen kann. Das ist wie mit Schweiß.

Hast du schon mal Leute getroffen, die behaupten, sie mögen keinen Schweiß? Also, wenn mir das jemand sagt, den schmeiße ich sofort aus dem Bett, nicht weil ich eine Manie mit Schweiß habe, aber Leute, die tatsächlich behaupten, sie könnten keinen Schweiß riechen, die gehören in ein Einzelzimmer, ehrlich.
Ich habe mich immer zur Randgruppe gerechnet und ich konnte immer viel mit Randgruppen-Schriftstellern anfangen, Rimbaud zum Beispiel, und ich habe Philip gebeten, dieses Foto zu machen, denn so sah ich mich wirklich.

Laß uns weitermachen ... oder wolltest du noch mehr dazu sagen?

Oh, ich könnte stundenlang über mich reden.

Foto (5) – Philip als der hl. Sebastian.

Nein. Das ist nicht Philip als der hl. Sebastian. Das ist kein hl. Sebastian! Das ist Botticelli! Der David von Botticelli. *(Sehr lange Pause)*

Na gut. Möchtest du lieber etwas zu Foto (6) sagen?

Das zeigt meine ganze Zwiespältigkeit, meinen ganzen Zorn und meinen ganzen Schmerz, alles in einem. So war das auch, ich war gerade aus dem Krankenhaus gekommen. Ich war in der *Canal Street* überfahren worden, durch die Luft geflogen und auf dem Kopf gelandet, mein Kopf mußte mit zwanzig Stichen genäht werden, und mein Bein war gebrochen. Ich habe natürlich unheimliches Mitgefühl erwartet, als ich aus dem Krankenhaus kam. Ich fuhr nach Provincetown, und die Leute da haben mich behandelt, als wäre ich der gute alte Neil. Und dort hatte ich drei Migräneanfälle pro Tag, ich war einfach in mieser Verfassung. Und erwartete, daß mir alle den nötigen Respekt entgegenbringen.

Wie hat Philip dich behandelt?

(Pause) Philip war wie versteinert. Da war schon eine Menge Liebe, aber ich hatte einfach das Gefühl, er behandelt mich

5

wie Laura eine von ihren Figuren in der *Glasmenagerie*. Zum Beispiel, daß ich mit jedem Schritt etwas kaputtmachen könnte. Er weinte fast, jedesmal wenn ich selber laufen wollte. Er hatte immer Angst, ich würde mit dem Kopf irgendwodran schlagen. Er brach immer fast in Tränen aus.

War er erschrocken?

Ja. Er war furchtbar erschrocken. Und, also er hat wirklich für mich gesorgt, das muß ich sagen, er hat sich wirklich um mich gekümmert. Er hat echt gedacht, ich sterbe.

6

Was, glaubst du, zeigt dieses Foto von dir?

Oh, meinen Hang zum Ewigen. Eben diese ewige Sehnsucht nach etwas, weißt du, ich sehne mich immer nach irgendeinem Glück. Aber um das zu kriegen, mein Gott, du mußt erst mal durch die Hölle, für ein kleines Stück Glück. Weißt du, das ist wie mit Artischocken. Das einzige, was an einer Artischocke wirklich dran ist, ist der Boden, aber du mußt da erst mal hinkommen, die ist ja wirklich schwer, wenn du sie kaufst, und dann saugst du die Blätter aus, und dann kommst du an den Boden,und dann ist da kaum was dran an dem Boden. So was Ähnliches mußt du auch im Leben durchmachen, für ein kleines bißchen Glück mußt du soviel durchmachen, so viele Stunden und Monate, wo nur Scheiße passiert ... Ich erinnere mich noch an diesen Typen, mit dem ich mal in Paris gelebt habe. Der sagte, ich hätte die traurigsten Augen, die er je im Leben gesehen hätte. Vielleicht kommt das in dem Foto raus: die traurigsten Augen, die ich je im Leben gesehen habe. Schön pathetisch, nicht?

7

Guck mal Foto (7) an.

Das ist Neil, der Bilderstürmer. Neil hat nämlich ein Football-Hemd an und eine schwarze Sportlederjacke und einen Spazierstock (mein Bein ist noch im Eimer) und Terrys Cowboyhut, und das paßt nämlich alles gar nicht richtig.

Was meinst du damit, das paßt alles gar nicht?

Oh, schwul sein, Schriftsteller sein, keinen geregelten Job von morgens bis abends haben. Was meine Eltern betrifft, ich hatte es schwerer, Schriftsteller zu werden, als schwul zu werden. Die kommen sehr viel schwerer damit zurecht, daß ich Schriftsteller bin, vor allen Dingen einer, der noch nicht seinen Erstlingsroman für hunderttausend Dollar verkauft hat. Meine Mutter hört nämlich dauernd diese Radiosendungen, damit sie mir Ratschläge geben kann – mit diesen ganzen Schriftstellern, die von ihren drittklassigen Romanen eine Zwanzig-Millionen-Auflage verkauft haben und erzählen, wie sie das hingekriegt haben. Sie wollte, daß ich was über *face-lifting* schreibe! Ich habe ihr gesagt: «Hör zu, du willst was über *face-lifting*, schreib was darüber. Ich will nichts über *face-lifting* schreiben, ich schreibe nicht über so was.» Es wurde noch schlimmer, als ich anfing, ausschließlich schwule Texte zu schreiben ... Irgendwie bereue ich das, aber ich habe es gemacht, und ich muß eben sehen, wie ich davon wieder wegkomme. Aber ich habe auch mal Musikkritiken für die *Village Voice* gemacht, ich habe Filmkritiken für die *Soho News* gemacht – das war absolut kein Schwulenkram. Und dann bin ich unheimlich eingestiegen mit dem Schwulenkram. Ich habe angefangen, nur noch schwule Sachen zu schreiben, und dann kam ich in diese Radiosendung. Ich sollte die Schwulen-Reihe für die WBAI moderieren. Mein Vater und meine Mutter wollten nicht, daß ich das mache. Das Problem war, ich hatte den Hörern schon versprochen, daß meine Mutter auch in der ersten Sendung auftritt. Mein Vater hat es nicht erlaubt. Aber immerhin, sie mußten sich damit auseinandersetzen, daß ihr Sohn eine schwule Radiosendung macht, daß ihr Sohn ein Medienschwuler ist.

Wie empfandest du das mit der Radiosendung? Hat es dir Zeit für deine Arbeit weggenommen?

Die Probleme wurden ziemlich vielschichtig: ich hatte ein paar Freunde in meiner Selbsterfahrungsgruppe, die erfolgreiche Schriftsteller waren und mich warnten, ich sollte nicht in die Falle «schwule Medien» tappen, ich würde da als schwuler Schriftsteller abgestempelt werden. Aber ich sah so eine Reichhaltigkeit von Sachen, über die man in der Schwulen-Szene schreiben könnte, deshalb betraf mich das nicht besonders. Ich schrieb weiter Schallplatten-Besprechungen, selbst wenn sie in Porno-Magazinen erschienen. Ich hörte ja auch weiter Schallplatten und blieb am Ball mit der Kritik, davon kann man schon mal ein paar Rechnungen bezahlen. Ich hatte immer Kolumnen, seit ich Philip kennengelernt hatte, ich hatte immer reguläre monatliche Kolumnen zu schreiben. Und bei meiner Miete – als ich Philip kennenlernte, waren das sechsundsiebzig Dollar, also für jeden achtunddreißig Dollar – braucht man nicht so viele Kolumnen, um sich über Wasser zu halten. Und wenn ich mich nicht über Wasser halten konnte, verkaufte ich meine Erstausgaben oder Schallplatten oder sonstwas. Ich kannte mich aus mit all solchen verrückten Sachen und ich glaube, freiberufliche Leute müssen das, um als freiberufliche Künstler überleben zu können.

Wie hat sich deine Arbeit auf deine Beziehung ausgewirkt?

Na ja, ich habe einen schlimmen Fehler gemacht, ich habe versucht, einen Roman über etwas zu schreiben, was zur selben Zeit ablief, ich habe versucht, einen Roman über meine Beziehung zu Philip zu schreiben.

Warum hast du das gemacht?

Das ... das kam einfach so. Als ich Philip kennenlernte, lasen wir unsere Texte in der Klasse vor. Der ist völlig durchgedreht wegen meines Textes. Das war so ein Ego-Trip, daß ich es eben zu einem Roman machte. Wenn er das da schon gut fand, dann wird er den hier toll finden! Klar, er fand einige Teile toll, andere mochte er überhaupt nicht. Aber ich kann mich über Kritik nicht einfach hinwegsetzen. Ich glaube, die meisten kreativen Leute können das nicht ... Die Beziehung war von Anfang an so dramatisch, die war so voll von Auftritten – ich weiß nicht, ob das daher kam, daß wir beide so dramatisch sind, daß wir beide einen Hang zum Dramatischen hatten. Meine Mutter wirft mir das immer vor. Also daß ich einen Hang zum Dramatischen habe. Dieser Vorwurf kommt von meiner Mutter. Der Schriftsteller in mir witterte eben alle diese Möglichkeiten. Außerdem fütterte mein schriftstellerischer Mentor mein Ego, er schickte mich nämlich zu einem Agenten – zum ersten. *(Lachen)* Ich schrieb auch Musik. Ich schrieb Songs über unsere Beziehung.

Wie hat Philip auf deine Texte reagiert?

Zuerst mal war es eine Heidenarbeit, bis er sie las. Er versuchte nämlich die letzten Ausflüchte, damit er sie nicht lesen mußte. Ich brauche Anerkennung, aber ich brauche auch ermutigende Anerkennung. Philip nahm sich nicht die Zeit, ein Gefühl dafür zu entwickeln, wie ich überhaupt schreibe, so einen allgemeinen Überblick. Er fing an, weißt du, er fing gleich an, unheimlich zu kritisieren, und das kann ein Schriftsteller nicht gebrauchen, solange er die Rohfassung noch nicht fertig hat. Jetzt ist mir das klar. Ich würde heute niemandem mehr irgend etwas zeigen, bevor ich die Rohfassung nicht fertig habe. Es hat mich kaputtgemacht. Dann mochte er außerdem manchmal nicht, wie ich ihn charakterisiert hatte. Er wurde böse. Ich wurde verrückt. Der Roman wurde verrückt. Ich bin immer noch bei der dritten Fassung, ich habe die dritte Fassung sehr schlampig gemacht, ich mochte sie nicht. Das ganze Ding hat mich angeödet. Ich wurde langsam schizophren – was ist hier Roman, was ist hier die vermeintliche Beziehung? – ich bin durchgedreht ...

Philips Reaktion war im allgemeinen keine besondere Unterstützung?

Na ja, jedesmal wenn wir einen Riesentanz gehabt hatten, zog ich mich zurück. Ich kämpfte nicht. Heute kämpfe ich. Damals habe ich nicht gekämpft, überhaupt nicht. Meine Waffe war Rückzug. Ich wurde einfach schweigsam und habe kein Wort mehr mit ihm geredet. Das hat ihn immer total geflippt, es gibt nichts Schlimmeres als Schweigen. Das ist die tödlichste Waffe, die man gegen jemanden einsetzen kann. Ab und zu erzählte er mir, er ginge sowieso davon aus, daß ich ein guter Schriftsteller bin, also so wie wir beide gute Literatur verstanden ... ich *brauchte* wirklich Ermutigung, verzweifelt. Ich meine, Mensch ... kreative Leute brauchen so verdammt viel Nahrung für ihr Ego, das ist unglaublich ... wenn ich daran denke, wieviel ich brauche und daß ich ein paar von diesen Kolumnen nur geschrieben habe, damit ich meinen Namen gedruckt lesen konnte, weil ich doch an einem langen Text arbeitete, und der brauchte seine Zeit und der gab nichts her für mein Ego ... also schreibt man eben solche albernen Sachen ... bloß damit man seinen Namen in größeren Lettern gedruckt lesen kann oder so. *(Lachen)* Philip konnte das nicht verstehen ... und Philip brauchte selber soviel – ich meine, Mensch, der war einundzwanzig, als ich ihn kennenlernte ...

Wie war das mit Philips Job?

Na gut, ja, er hat bestimmt ganz schön geschuftet, aber wir hatten beide eine Perspektive damit, und deshalb habe ich das bei ihm akzeptiert. Ich dachte, das wäre ein erster Schritt für ihn, weißt du. Er hatte sowieso einen größeren Hang zu geregelten Jobs als ich ... ich habe oft versucht, einen Job von morgens bis abends zu kriegen, wirklich. Ich habe versucht, an die lächerlichsten Jobs zu kommen ... und das ganze Gequatsche von wegen überqualifiziert und so ... die haben wirklich Angst vor Leuten, die was Interessantes zu bieten haben. Die haben wirklich am liebsten diese Schmarotzer-Typen in den großen Firmen. Und ich wollte einen von diesen Jobs unbedingt haben. Ich wollte auch zwanzigtausend Dollar im Jahr verdienen. Ich bin nämlich gar nicht scharf drauf, arm zu sein – ich glaube, keiner, der arm ist, ist da scharf drauf. Aber wenn du wegen irgend etwas als Individuum giltst ... ich bin nicht mal gern ein Individuum. Ich habe immer versucht, auszusehen und mich zu benehmen wie jeder andere. Ich habe mein ganzes Leben lang so schwer daran gearbeitet, ins Bild zu passen. Ich habe die irrwitzigsten Sachen unternommen, bloß um ins Bild zu passen ... und trotz allem passe ich offenbar nicht. Weil ich nicht einen von diesen verdammten Jobs bei *Newsweek* gekriegt habe – weißt du, die trampelige Tochter vom Präsidenten, die kriegt solche Jobs, und ich mit meinen verdammten Examen und mit meiner schriftstellerischen Erfahrung, ich kriege keinen einzigen beschissenen Job. Also ... also habe ich das schließlich akzeptiert, daß ich keinen festen Job kriege, sondern freie Kolumnen schreibe ... aber irgendwo ganz innen bin ich doch sehr konservativ, ich hätte gern eine Wohnung und ich hätte gern einen Lover, und ich hätte gern zwei Hunde und zwei Autos und den ganzen Scheiß, aber ich weiß nicht, ob das für mich drin ist ... keine Ahnung. Und das macht mir Angst, daß ich nicht weiß, ob das überhaupt drin ist für mich. Weißt du, ich, ich bin manchmal richtig deprimiert, weil irgendwie – ich will doch kein Geschäftsmann werden, und ich kann das wirklich gut – ich bin sehr geschäftstüchtig ... Ich bin echt gut, wenn es darum geht, Sachen ganz billig zu kaufen ... Ich habe einen Riecher für Antiquitäten und solchen Krempel, weißt du – und dann kriege ich richtig *Panik*, meine große Befürchtung ist, daß mal genau das aus mir wird ... daß ich mal genauso werde wie all diese frustrierten Leute und so einen Beruf annehme, ohne wirklich den Wunsch dazu zu haben, bloß weil ich es nicht geschafft habe ... Ich weiß noch, in der High School die ganzen Schauspiellehrer, das waren alles verkrachte Schauspieler und die waren immer so verdammt dramatisch. Ob Heteros oder schwul, Schaupieler sind Schauspieler, und verkrachte Schauspieler sind verkrachte Schauspieler, und ich wollte kein verkrachter Schriftsteller werden, nicht, und so ... man versucht sich dann damit hochzuziehen, daß man die ganze Liste von großen Schriftstellern durchgeht, die auch nicht zu Lebzeiten veröffentlicht wurden, weißt du. Aber es geht gar nicht darum, ob zu meinen Lebzeiten was von mir veröffentlicht wird, es geht darum, daß soviel Quatsch dabei rauskommt ... *(Lange Pause)*

Was war mit Philips Arbeit, mit dem Fotografieren?

Oh, ich habe ihn gedrängelt, es zu machen, ich habe gedrängelt und gedrängelt – ich fand seine Arbeiten toll. Ich mochte seine Gartenszenen nicht oder solche Sachen, denn die einzigen Bilder, die ich mag, sind welche mit Leuten drauf. Das haut alles nicht hin, wenn da keine Menschen gezeigt werden. Und natürlich mochte Philip die am liebsten, wo keine Menschen drauf waren. *(Lachen)* Seine Lieblingsfotos sind die aus Paris, die er da gemacht hat, bevor er mich kennengelernt hat, von den *Jardins du Luxembourg* oder so was Ähnliches, und ich fand die schlicht langweilig. Dann fing Philip an, mich zu fotografieren, weil er mein Lover war – Lovers machen eben gegenseitig Fotos von sich. Und ich fotografierte ihn und wollte, daß er mir beibringt, wie man mit einer Kamera umgeht ... Also, er war kein Lehrer. Ganz einfach. Ich versuchte es damit, daß ich ins Museum ging, und ich wollte von Philip lernen, denn man kriegt es über, eine bestimmte Rolle zu spielen, man möchte was lernen von dem Menschen, mit dem man zusammen ist, aber Philip hatte dann Anfälle von absoluter Pingeligkeit – und ich raste aus dem Museum wieder raus ... Aber er hat mir sehr viel beigebracht, was mit zwischenmenschlichen Gefühlen zu tun hat – dadurch hat sich das irgendwie ausgeglichen ... Ich brachte ihm die alltäglichen Sachen bei, Einkaufen zum Beispiel und den ganzen Quatsch, den ich konnte, sogar wie man sein Äußeres gestaltet. Inzwischen gestaltet er sein Äußeres viel raffinierter, aber damals war es umgekehrt. Ich ... ich ... mochte die Idee immer gern, daß ich ihn modelliere, weißt du, als würde ich einen Frankenstein erschaffen. *(Lachen)* So sehe ich das immer. Wenn ich nicht gewesen wäre, wäre er nie eingestiegen in diese ganze – Feine-Leute-Mentalität ... er ist da nicht richtig eingestiegen, er orientiert sich wohl irgendwie daran, aber er ist ... *(Pause)*

Respektierst du seine Kunst?

O ja, ja, ja ... wir haben uns oft gestritten, was aufgehängt werden sollte. Ich hängte ein paar Fotos von ihm auf und er riß sie wieder runter, ich hängte sie wieder auf – ich rahmte Zeichnungen von ihm ein und machte Passepartouts. Ich habe *stundenlang* diese verdammten Passepartouts gebastelt. Ich konnte das sowieso verdammt schlecht, dieses Ausschneiden – aber, also, ich fand seine Zeichnung so toll. Aber er ließ mich nicht mal – das ist interessant – er ließ mich seine Fotos nicht mal *ansehen*, wenn er nicht dabei war. Er mußte direkt neben mir sitzen, damit ich seine Zeichnungen oder seine Fotos ankucken durfte ... und ich habe gedacht, ja, ich habe gedacht, das ist ja völlig bekloppt. Das ist so – warum darf ich nicht selber kucken? Ich meine, wenn du was wirklich ankuckst, dann kuckst du doch selber. Wenn jemand dabei ist, vor allem, wenn der Künstler dabei ist, da kann man doch das reinste Nervenbündel werden, man sitzt da und hört den förmlich sagen: was denkt der jetzt? Was denkt der jetzt? Nicht ... also ... wahrscheinlich war da auch ein Haufen Konkurrenz dabei.

Was ist mit Neil (8) als Aufreißer?

Ja. Neil ist schon ein heißer Kerl. Neil kriegt die besten Typen. Neil kennt alle Spielarten, Neil kennt alle Tricks. Neil ist am besten auf der Straße. Neil kommt nicht so gut im Sub. Aber auf der Straße, da bin ich echt scharf, weil, ich weiß einfach, wie's geht, und ich bin echt schnell und ich geh echt drauflos und ich krieg nicht besonders oft eine Absage. Das kommt mir langsam vor wie ein Riesenwitz.

Mein Image war plötzlich *in*, dieses Image, das ich jetzt seit wieviel? – zehn Jahren habe. Ich habe mich immer geweigert, mich dem zu beugen, was die schwule Gesellschaft von mir forderte. Ich hatte das 1965 gehabt und ich konnte einfach nicht mehr darauf. So mit Button-down-Hemd – es war grauenhaft.

Also ich war gut drauf. Weißt du, inzwischen finde ich das Foto nicht mehr sexy, aber damals war es das wohl. Aber es war auch damals nicht echt sexy. Ich meine, es ist nicht sexy,

9 

so wie Philip es war, das Foto von Philip (9) ist sexy. Das ist wirklich Philip als Stricher.

Fährst du darauf ab?

Ja. Das heißt, ja und nein, eigentlich ist mein Bild von einem Stricher viel italienischer, viel verkommener, viel hinterhältiger.

Mir kommt das Foto so vor, als würde er versuchen, die Art von Sexualität nachzuahmen, die du abziehst.

Er hat das auch immer wieder versucht. Ich glaube, er hat es versucht, weil er gedacht hat, ich stehe drauf. Das war seine Einstellung, auf alles, was du machst, fährst du selber auch ab. Alles was du im Bett machst, willst du auch gemacht kriegen. Er glaubt das wirklich.

Noch mal einen Augenblick zurück: in welchem Zusammenhang ist Foto (5) entstanden?

Ah ja ... Ich hatte einen Freund, Frank, von vor Jahren. Frank war bloß ein niedlicher italienischer Typ. Ich halte nun mal Italiener grundsätzlich für niedliche Jungs. Aber der blickte echt durch. Er hatte die Weisheit nicht mit Löffeln gefressen, aber er hatte diesen Durchblick, den man auf der Straße braucht. Und da stehe ich echt drauf. Außerdem waren wir ganz verschieden. Wir hatten nie wirklich eine Affäre, aber wir haben ein paarmal miteinander gefickt. Er lebte mit einem Typen in Connecticut, so ein Typ, auf den ich nie besonders scharf war, von einer Farm oder so. Und Philip und ich hatten schon mal einen Vierer mit einem Freund und dessen Lover gemacht. Für mich war das unheimlich toll gewesen. Wir haben alle vier zusammen gefickt. Philip hatte irgendwie siebenmal einen Orgasmus. War irgendwie total aus dem Häuschen. Jedenfalls, am nächsten Morgen war wieder Problemdebatte nach dem Wochenende und Philip drehte völlig durch. Total. Ich konnte mir das gar nicht vorstellen, das sollte derselbe Typ sein, der so eine Nacht hinter sich hatte, der so verdammt oft einen Orgasmus hatte. Ich kriege nicht siebenmal einen Orgasmus. Ich kriege vielleicht vier, aber sieben ist eine Menge. Ich sagte: «Was ist los, Philip?» Er sagte: «Die konnten mehr auf dich als auf mich.» Ich habe das nicht eine Minute lang geglaubt. Es stellte sich dann raus, daß er irgendwie recht hatte. Es war nicht bedeutend, ich meine, alle haben durch die Gegend gefickt, und, mein Gott! Aber bei Philip hat es in eine wunde Stelle gestochen. Ich meine, gut, das wissen wir ja nun, daß alle Männer konkurrenzhaft sind, aber Philip schießt da weit übers Ziel hinaus, zumindest in unserer Beziehung. Schon am Anfang. Ich bin auch in

Grenzen konkurrenzhaft, aber nur wenn ich das Gefühl habe, meine Position ist wirklich gefährdet. Das war dann später so. Aber an dieser Stelle war Philip echt konkurrenzhaft, und ich verstand das gar nicht, weil er sich auch zu amüsieren schien – aber er sagte, er wäre echt sauer. Dabei war er immer derjenige, der alle Arten offener Beziehungen gepredigt hat und daß man sich auf andere Leute neben der Beziehung einlassen können müßte und daß das ganz wertvoll wäre und daß Monogamie einen auslaugt, oder vielleicht nicht auslaugt, aber sie ist nicht nötig. Ich mache da keine Philosophie draus, daß Promiskuität nötig ist, sie ist eben eins von meinen eigenen Bedürfnissen, denn ich habe noch nie jemanden kennengelernt, der mich sexuell völlig befriedigt.

Halt mal. Der erste Vierer war ein dickes Problem, weil Philip ausgeflippt ist, weil er dachte, die Typen könnten mehr auf dich. Dann seid ihr nach Connecticut gefahren ...

Dann sind wir nach Connecticut gefahren, und ich mochte den Typen, dem das Haus gehörte, von Anfang an nicht. Der war echt kalt und auf Leistung. Weißt du, so ein Brecher. Ih, und dann haben wir mal gefickt und es war eine Katastrophe. Und ich dreh mich um und sehe, wie Philip sich gerade von dem Typ ficken läßt, und dieser Typ hatte einen unglaublichen Riesenschwanz, und als ich sah, wie sich Philip von einem andern ficken läßt, da bin ich – «Schluß jetzt, wir müssen los, Philip.» Ich bin total ausgeflippt. Total. Ich konnte es gar nicht glauben, daß ich ausflippte. Bloß der Anblick, daß Philip von jemand gefickt wird, hat mich wahnsinnig gemacht. Keiner fickt Philip außer mir, klar? Keiner. Ich versuchte, cool zu bleiben. Ich meine, ich hatte das Ganze ja angezettelt. Ich kam mit Frank nicht zu Rande, Frank und ich konnten einfach nichts miteinander anfangen, und ich glaube, dieses Foto (5) war am nächsten Tag. Philip und ich sind in den Wald gegangen. Wir haben uns ausgezogen, es war richtig toll. Ich stehe überhaupt nicht so auf Wälder. Aber es war richtig toll. Wir rannten einfach durch den Wald und wir haben gebumst, und ich habe Philip gebeten, daß er sich so hinstellt, wie ich ihn sah, das ist genau so, und so werde ich ihn immer sehen.

Gut, also weiter, willst du etwas sagen zu dem Foto von dir auf dem Fußboden (10)? Wo die Katze an dir vorbeigeht?

Na ja, ich mag keine Katzen. Ich kann mich an die Katze nicht mehr erinnern. Ich war in dem Moment echt sauer. Das war, nachdem wir aus dem Wald wieder zurück waren.

Ihr wart wieder zusammen und ihr hattet die Probleme aus der Nacht davor grundsätzlich gelöst?

Ja, ich glaube, wir wollten sogar beide früher zurückfahren als geplant, und ich war glücklich darüber. Ich weiß nicht, warum ich mich so elend gefühlt habe. Ich konnte den Typ nicht leiden, mit dem wir zusammen waren.

Er hat mir nämlich erzählt, daß er morgens aufgewacht und in das andere Zimmer gegangen war und noch mal mit dem Typen gebumst hatte.

Ach ja, richtig. Ich vergesse so was immer. Das stimmt, das hat er gemacht. Ich habe mich so elend gefühlt. Also, ich war so unglücklich. Das einzige, wodurch ich wieder glücklicher

10

wurde, war, als wir auf den Flohmarkt gingen. Ich war richtig glücklich auf dem Flohmarkt. Ich wollte weg aus dem Haus. Wir sind in der Nacht noch gefahren. Ich habe mich so elend gefühlt. Ich wollte nicht sehen, daß irgend jemand ihn anfaßt. War mir egal, wenn er das machte, wenn ich nicht dabei war, aber hier war ich dabei und mußte es mit ansehen. Das hier war auch kein richtiger Vierer wie der vorher, wo wir alle dauernd den Partner gewechselt haben. Beim erstenmal hatte ich wirklich das Gefühl, da gab es auch Kommunikation. Beim zweitenmal nicht, sogar Philip würde das wahrscheinlich zugeben, daß es da keine Kommunikation gab. Da haben zwei die ganze Zeit eine Paarnummer abgezogen. Also, Philip hat dieses Problem wirklich, ich will dir was erzählen über Philips Problem. Eins seiner größten Probleme ist, daß er irgend etwas ausprobiert und Spaß dran hat, und am nächsten Tag beschließt er plötzlich, daß er gar nicht wirklich Spaß daran gehabt hat. Aus seiner Sicht begreife ich die meiste Zeit gar nicht, was sich abspielt. Wir diskutieren über seine sexuellen Erfahrungen in der Nacht davor. Also, daß unser Sex nicht toll war. Nicht schlecht, aber eben nicht gut.

Wie war denn euer Sex? Wer hat was mit wem gemacht?

Am Anfang war alles ziemlich locker, bis er einzog. Danach ...

Was meinst du mit ziemlich locker?

Wir haben immer mal die Stellungen umgekehrt beim Ficken. Manchmal haben wir überhaupt nicht gefickt. Manchmal haben wir es uns anders besorgt. Er wird nie zugeben, daß das ein Schlüsselding war, aber das war es.

Was war ein Schlüsselding?

Sein Einzug und diese Katzenjammer-Debatte nach dem Wochenende haben mich ziemlich selbstbewußt in Sachen Sex gemacht ...

... Die Wurzeln meines sexuellen Problems mit Philip gehen aber zurück auf diese Sorte Analyse, in der ich so lange gewesen bin – mein Analytiker hat ja dafür gesorgt, daß ich mich auf Männer nur als Sexobjekte beziehen kann, eben nicht gefühlsmäßig, nicht mit Liebe. Dadurch sollte ich wieder Kontakt zu Frauen kriegen, und zwar sowohl als Sexobjekte als auch als Liebesobjekte. Das war wirklich diese Sorte Analyse ...

Halt. Dein Psychiater hat erzählt, mit Männern schlafen ist in Ordnung, solange es nur Sex bleibt?

Genau, ja ... Aber ich wollte das sogar. Ich habe mir ausgemalt, wenn ich was mit Frauen mache, wäre ich ein glücklicher Bisexueller. Aber feststeht, daß ich ein paar Jahre später ein unglücklicher Bisexueller war. Ich hatte zwar immer schon intensive emotionale Beziehungen mit Frauen, aber gute sexuelle Beziehungen hatte ich mit Frauen nicht. Sie langweilten mich einfach. Ich war geil auf Männer. Ich fand Frauen damals sexuell langweilig, also brach ich die Analyse endgültig ab und kam nach Amerika zurück. Ich hörte nämlich auch mit der Arbeit auf. Ich hatte eine Werbeagentur in England mitgegründet, und als die stand, langweilte es mich, weil Werbung echt öde ist, also kam ich zurück hierher. Ich meine, ich war damals total am Arsch. Ich war total am Arsch, ich war geil auf Männer, aber ich hatte keine Möglichkeit, mich anders auf sie einzulassen als sexuell, ich hatte mir ja selber antrainiert, sie nicht als Liebesobjekte zu sehen. Ich kann nicht mal sagen, daß mir die Hetero-Gesellschaft im Nacken saß, ich hatte diese Entscheidungen alle selber getroffen. Ich war auch nicht richtig verbittert. Ich wußte nur, ich mußte an der Sache arbeiten. Es dauerte Jahre und Jahre – und eine neue Analyse konnte ich mir nicht leisten, ich wollte auch nicht wieder zurück in eine Analyse. Ich mußte mir das wirklich selber beibringen, Männer als Liebesobjekte zu sehen und mit Männern immer mehr auszuprobieren, sexuell und anders. Ich hatte noch nicht besonders viel am Hut mit Sex, als ich einundzwanzig, zweiundzwanzig war. Ich habe mir einfach kaum Gedanken über Sex gemacht. Ich kam auf meine Kosten. Ich habe wohl Typen gefickt, mit Sicherheit

habe ich mich nicht ficken lassen. Und ich hatte oralen Sex – allerdings auch nicht so total, wie man oralen Sex machen kann.
Ich hatte eine komische Beziehung mit einem Indianer – das war der niedlichste Typ, den ich je kennengelernt habe, der liebevollste, sanfteste Mann, den man treffen kann, er hat sich in mich verliebt, aber ich mich nicht in ihn. Ich wollte bloß jemanden, mit dem ich etwas teilen konnte, einen Zimmergenossen. Aber er verliebte sich in mich, obwohl ich ihn gewarnt hatte, sich nicht in mich zu verlieben, aber er tat es. Wir haben sechs Monate lang im selben Bett gelebt und *nicht* zusammen geschlafen – ich kann mir überhaupt nicht vorstellen, wie er damit klargekommen ist. Irgendwann fing er dann an, das Porzellan nach mir zu schmeißen. Ich wohnte in der *Hudson Street* im *Village*. Ich schrieb ein Theaterstück und ein Musical, bloß um ihm zu entkommen. Schließlich fand ich eine eigene Wohnung in der *Crosby Street*.

Das war kurz vor Philip?

Mit dem Indianer? Nicht kurz vorher. Ich fuhr nach Indien zwischen diesem Typ und Philip. Ich fuhr nach Griechenland dazwischen. Ich habe als Kellner gejobbt und Polit-Anstecker verkauft. Ich hatte immer so Wahnsinns-Jobs.
Das kam alles von meiner Analyse her – die hatte wirklich gewirkt. Genau deshalb konnten Liebesobjekte nicht Sexobjekte sein. Aber ich arbeitete daran weiter. Also, Männern näherzukommen und sie als Liebes- *und* Sexobjekte zu sehen, sexuell etwas lockerer zu werden, aber nur ein bißchen. Und langsam aber sicher stellte ich fest, daß da was allmählich in Gang kam, und obwohl ich eigentlich eher in Extremen lebe, war ich echt froh über diese allmähliche Entwicklung. Das heißt es wohl, daß man reif wird, wenn man akzeptiert, daß sich was allmählich entwickelt und nicht mehr diese überdrehten Extreme braucht, diese Bette Davis-Auftritte. Ich machte ein Beziehungsexperiment mit zwei Typen, und das war sehr hart. Ich hatte das Gefühl, das konzentriert sich alles auf mich, die beiden Typen mochten sich gegenseitig nicht.

Und ich wollte so gern, daß wir uns alle mögen und ein paar Wochen lang zusammenleben. Mehr nicht. Das war wirklich eine schräge Beziehung. Das war so etwa meine Experimentier-Phase.
Als ich Philip kennenlernte, war ich inzwischen wirklich stolz auf mich. Ich hatte mich gefühlsmäßig derartig weit entwikkelt wie nie vorher. Ich hatte mich unheimlich erholt von der Analyse. Ich hatte wieder etwas zu tun mit der Tatsache, daß Männer für mich eben wirklich Sexobjekte *und* Liebesobjekte waren. Aber gleichzeitig hatte ich mich noch nie mit irgendeiner tiefen Beziehung auseinandersetzen müssen. Das hatte ich schon lange nicht mehr gehabt. Ich hatte sogar eine Affäre mit einer Frau, während ich mit dem Indianer zusammenlebte. Ich weiß bis heute nicht, wie Männer mit so was umgehen. Ich sperre meine Gefühle für Frauen einfach aus. Ich mache mir einfach keine Gedanken darüber. Es ist schon schwer genug, sich mit Männern auseinanderzusetzen, aber mit Männern *weiß ich* wenigstens, daß ich es da schaffe. Also, als ich was Sexuelles mit Philip anfing, lief alles phantastisch, so lange, bis er einzog.

Was passierte sexuell, als er einzog? Vorher wart ihr ja grundsätzlich beide abwechselnd aktiv und passiv gewesen.

Ja, also er übernahm die aktive Rolle, aber sie gefiel ihm gar nicht, das war das komische daran. Ich zwang ihn, aktiv zu werden. Ehrlich. Er hatte da nichts mit zu tun, er war eigentlich gar nicht schwul. Ich glaube, er ist auch heute noch nicht schwul. Das sagen ihm viele Leute, und er begreift immer nicht richtig, warum, und weiß nicht, was er damit anfangen soll. Er hält sich selbst für schwul. Ich halte ihn nicht für schwul, ich habe ihn nie dafür gehalten und werde es auch nie. Sondern er ist Philip. Das ist alles, er ist Philip. Unsere Sexualität wurde sehr routiniert. Manchmal ging es über ein paar Stunden, und manchmal dauerte es nur ein paar Minuten. Und er ließ sich unheimlich gern ficken, unheimlich gern. Und irgendwann mal war er plötzlich erwachsen und beschloß, er wollte selber ficken, und für mich war das bloß eine Entwicklung. Ich traf ihn mitten in einem Entwicklungsprozeß. So sehe ich das. Ganz viele Typen haben bei ihrem *Coming out* das Gefühl, sie möchten gern gefickt werden. Und irgendwie hat das auch was von Altem Griechenland, glaube ich. Ich war der Ältere, Klügere. Klar, er hatte es unheimlich mit Gefühlen und so Sachen, aber er war noch nicht klug genug, um zu wissen, wie man mit mir umgehen muß. Er warf mit der Wahrheit um sich und er nahm überhaupt keine Rücksicht dabei auf meine Gefühle. Er richtete unheimlich schlimme Verwüstungen an. Ob du es glaubst oder nicht, für mich ist die Beziehung das Positivste, was ich in meinem Leben erlebt habe. Aber da waren auch ein paar wirklich schlimme Sachen im Spiel. Er ging einfach die meiste Zeit zu weit. Er hat mich in die Defensive gezwungen, und man kann sich nicht aufeinander einlassen, wenn einer immer in der Defensive ist. Er hat immer festgelegt, wie wir über unsere Probleme zu reden haben.

Ich will noch mal zurück zum Sex. Du warst also im Grunde genommen der Aktive. Hast du mal die passive Rolle übernommen?

Ich habe mich zu sehr bedroht gefühlt. Ich hatte am Anfang Angst vor ihm, er war stärker als ich.

Wie?

Körperlich. Er konnte mich total zusammenschlagen. Er hat echt Kraft, Körperkraft. Und ich nicht. Inzwischen ja, inzwischen habe ich was dafür getan. Aber damals nicht. Ich hatte andere Stärken. Zum Beispiel Kochen. Ich kann gut kochen. Ich habe ihn unheimlich bekocht. Ich habe nie für mich gekocht. Ich habe nie gegessen. Ich habe für ihn gekocht. Aber nach einer Weile stehst du da und kommst dir vor wie Alice in *Honeymooners*.

Ich glaube, unter normalen Umständen hätten wir uns gar nicht aufeinander eingelassen. Wir hätten beide den anderen als zu mächtig empfunden. Aber ich glaube, wenn man jemanden in einer Klasse kennenlernt, also überhaupt in einer

nicht-sexuellen Umgebung, dann nimmt eine Beziehung ganz andere Züge an als in der Sauna oder in Bars oder so. Das entwickelt sich ganz anders, ich glaube auch gesünder. Ich glaube, weil ich ihn in einer Klasse kennengelernt habe, war die ganze Sache für mich nicht so auf Sex eingeschworen wie für ihn. Ich glaube, ich war der erste ernsthafte Mann in seinem Leben. Er war der erste ernsthafte in meinem Leben.
Ich bin im Grunde ein Mann, der auf Familie steht, das läßt sich gar nicht leugnen. Ich will jemanden immer um mich herum haben. Es ist einfach trostlos, allein zu leben.

Wie wär's denn mit Haustieren?

Nein. Ich hatte zwei Hunde. Irgendwann hatte ich mal zwei Hunde, zwei Kaninchen, zwei Finken, zwölf Eidechsen – also, nenn irgendein Tier, ich habe es gehabt.

Zurück auf den Sex.

Meine Eidechsen sind viel interessanter als mein Sexualleben.

Wer war mehr auf Sex aus?

Na er, Menschenskind. Irgendwie konnte er den Hals nicht voll kriegen. Also, haben wir fünfmal in der Woche gebumst, wollte er fünfzigmal. Er hat immer behauptet, ich wäre gar nicht richtig dabei. Vermutlich war ich es auch nicht. Aber ich hatte noch nie eine Beziehung mit einem Mann gehabt, also woher zum Teufel sollte ich wissen, wie man richtig dabei ist? Ich akzeptierte ihn ...

Halt mal, halt mal. Du hast noch nie eine Beziehung mit einem Mann gehabt?

Na, jedenfalls keine so intensive wie mit Philip. Philip und ich hatten eine sehr verzweifelt enge Beziehung. Wir griffen beide nach den Sternen. Und wir haben sie auch angefaßt, aber wir haben auch die Abgründe erfahren. Mein Gott, Neil, du wirst schmierig. Sex, laß mich mal überlegen, Sex.

Er war mehr auf Sex aus als du.

Es war nicht bloß mehr, was er wollte, es war eine ganz andere Qualität.

Was meinst du damit?

Er sagte, ich fasse ihn nicht genug an, er stand unheimlich auf Angefaßtwerden. Und ich empfand ihn immer als zu genitalfixiert. Also, er hat immer alles zu einer genitalen Geschichte verdreht, jedenfalls mit mir. Ich konnte nie einfach mit ihm irgendwo liegen, ohne daß ich das Gefühl hatte, er wollte fikken. Ich war nicht besonders weit mit meiner Sexualität, als ich Philip kennenlernte. Ich galt wohl als heiße Nummer für eine Nacht, aber jeder kann eine heiße Nummer für eine Nacht sein. Da gehört nicht viel dazu. Es gehört viel mehr dazu, fünf-, sechsmal pro Woche zu bumsen, später wurden das dann zwei-, dreimal, noch später einmal und am Ende gar nicht mehr. Weißt du? Ich fand genau wie Philip, daß unser Sexualleben zu routiniert war, aber es hing auch so eng an dem, was in unserer Beziehung überhaupt los war.
In einer rein sexuellen Situation gibt es keine Beziehung, an der irgend etwas hängen könnte, außer den paar Stunden, die du mit jemanden redest. Aber in einer Beziehung ist das so, und der ganze Rest der Beziehung endet genauso im Bett wie du. Und während der ganzen Zeit, seit ich ihn kennenlernte, bis er auszog, hat Philip in einem Job gearbeitet, den er haßte. Ja, zuerst in einem Fotoladen und dann bei *Time-Life*. Dieser *Time*-Konzern widerspricht unheimlich unseren Wertvorstellungen. Wer nimmt schon *Time* ernst? Und was für Idioten arbeiten bei der Zeitung und hauen allen Leuten diesen Quatsch um die Ohren? Philip, der macht das! Der macht so was, Philip! Weißt du, ich habe mich nicht über ihn lustig gemacht deswegen, jeder muß sein Geld verdienen, und in dieser Gesellschaft kannst du von Glück sagen, wenn du nicht für irgendwelche Schweine arbeiten mußt. Philip war sauer, weil ich regelmäßig arbeiten mußte. Und langsam kam ab und zu in der *Village Voice* was von mir. Sie nahmen nicht

meine Musikbesprechung. Erst als Clay Felker die *Voice* gekauft hatte. Und dann wurde ich bei den *Soho News* als Filmkritiker angeheuert.

Aber nicht gut bezahlt.

Na ja, nein, die *Village Voice* zahlte ungefähr fünfundsechzig Dollar pro Besprechung.

Meinst du, Philip war sauer, daß du nicht von morgens bis abends aus dem Haus mußtest?

Oh, das hat er mir selber gesagt. Wir haben uns immer sehr direkt gesagt, was uns an dem anderen sauer machte, und das war sehr gut, bloß er war nicht besonders direkt mit dem, was er an mir liebte. Das ist das komische daran. Ja, er war unheimlich sauer, daß ich nicht arbeiten mußte. Oder zum Beispiel, daß mir meine Tante einen Farbfernseher geschenkt hat, weil mein schwarz-weißer kaputtgegangen war. So oder so, ich kriege immer, was ich will. Ich kriege eben diese Besprechungen, da hat man die Platten umsonst – ich habe eine Macke für Platten und eine Macke für Bücher. Und eine für Leute. Also was brauche ich: ich brauche Platten und Bücher und Leute. Und Hähnchen sind immer billig. Also lernt man kochen. Philip ist da ein bißchen anders. Philip hat einen Drang nach oben, er steht unheimlich auf Feine-Leute-Stil und ist dahinterher.
Nachdem er ausgezogen war, habe ich ein paar von den Typen gesehen, mit denen er was hatte, besonders beeindruckt haben sie mich nicht, sie waren einfach einen Tick zu schickeriahaft. Sie hatten andere Wertmaßstäbe als ich und sie waren sehr unpolitisch. Ich kann mir vorstellen, wie er mit einem Typ was anfängt, weil der ein tolles Auto hat. Mich dagegen kann man beeindrucken, wenn man festen Boden unter den Füßen zu bieten hat ...

Sag was zu Foto (11).

Also gut, hier gab es das Problem, über das ich vorher geredet habe, auf was fährt man vor allem ab. Es gibt verschiedene Theorien darüber. Ich glaube, es gibt etwas, auf dem man immer bei bestimmten Leuten abfährt. Ich habe nun mal eine Macke für dunkle Leute – Italiener, Griechen, Leute, die für mich was Dunkles haben.

Philip ist allerdings gar nicht dunkel.

Überhaupt nicht. Obwohl er vielleicht als Italiener durchgehen könnte. Aber als Norditaliener. Und Philips Schenkel fand ich unheimlich sexy. Weil, die waren behaart und kräftig. Auf Schenkel konnte ich immer, auch jetzt noch. Aber

jedesmal wenn ich ihn ansah, hatte er so etwas Sehnsüchtiges in den Augen, und ich hatte das Gefühl, er will viel mehr, als ich ihm überhaupt geben kann. Ich hatte nicht das Gefühl, ich könnte ihm alles geben, ich hatte einfach nicht soviel in mir. Ich hatte nicht diese Stärke. Ich hielt ihn für einen zurückhaltenden Jungen aus dem Süden, und er entpuppte sich als New Yorker Jude unter Hochdruck. Brillant und alles mögliche, begabt und schön, aber unheimlich unter Hochspannung. Und das bin ich auch. Nicht ganz so. Ich bin wahrscheinlich zurückhaltender. Und sehr viel sensibler für die Gefühle von anderen Leuten. Er war total unsensibel gegenüber meinen Gefühlen. Nein, lösch total wieder. Das stimmt nicht. Er war ganz schön unsensibel gegenüber meinen Gefühlen.

Warum hast du das Foto gemacht? Du hast es am selben Tag gemacht wie das Aktfoto, nicht?

Ja.

In Connecticut.

Ich glaube, es ist falsch, darauf rumzureiten. Das war die Crux bei unserer Beziehung. Philip glaubte eben, wenn nicht etwas Traumatisches passiert, bei dem du deine Liebe beweisen mußt, dann ist sie irgendwie nicht real. Nur wenn man in einer Beziehung mit negativen Erlebnissen umgehen muß, dann ist die Beziehung etwas wert. Damit nimmt er alle positiven Sachen einfach als selbstverständlich hin.

Philip meinte, du hattest eine maßlose sexuelle Macht über ihn.

Nein, nein, nein, nein, nein. Ich hatte keine maßlose sexuelle Macht über ihn. Er hat diese Macht in seinem Kopf zurechtgebastelt. Und vor allen Dingen, ich habe von dieser Macht nie etwas erfahren. Ich habe nur den Druck erfahren. Und der wichtigste Zankapfel in unserer Beziehung war Macht. Ich hatte das Gefühl, daß er die sexuelle Macht hatte, weil er imstande war, sich sexuell auf mich zu beziehen, und zwar vierundzwanzig Stunden am Tag. Ich fand das eine große Macht bei ihm, denn mich hat das immer eingeschüchtert.

Aber ich hatte den Eindruck, sein Verlangen nach Sex war ...

Maßlos. Es gab einen riesigen Machtkampf innerhalb der Beziehung. Meine Macht war die Küche, Kochkünste und so ein Scheiß.

Und seine Macht lag wo?

Ich weiß nicht, ob er wirklich welche hatte ... Also, er hatte sexuell Macht, und zwar nicht so, daß ich verrückt darauf wurde, mit ihm zu bumsen, sondern ich bekam Schuldgefühle deswegen. Ich hatte einen Schuldfimmel wegen unserer sexuellen Beziehungen. Zum Beispiel, daß er nicht begreifen konnte, wie ich aus dem Haus ging und ihn betrog, solange ich ihm nicht sexuell soviel gab, wie er wollte. Er hat das nie begriffen. Philip konnte nicht begreifen, daß er nicht die Gesamtheit meiner Erfahrungen war, daß ich noch andere Bedürfnisse hatte, Phantasien. Und ich wollte nicht meine Phantasien und meine Wirklichkeit mit Philip durcheinanderwerfen. Das war mir ganz klar. Ich wußte genau, was ich tat. Es war überhaupt nicht so, daß ich an der Stelle blöde gewesen wäre. Ich wollte einfach nicht Phantasie und Wirklichkeit durcheinanderwerfen. Ich konnte mir nicht vorstellen, wie ich mit Philip obszön rede. Es war wirklich einfach zum Schreien, aber ich konnte nicht. Ich konnte mir nicht vorstellen, mit ihm irgendeine Art «Nummer» abzuziehen. Das einzige Mal, als wir nahe dran waren, war, als wir *Popper* geschmissen hatten oder sowas, und da bin ich dann unheimlich aggressiv auf ihn geworden. Aber danach war ich drei Tage lang völlig daneben. Ich konnte drei Tage überhaupt nichts richtig hinkriegen. Und so ein Verhalten gegenüber Philip war ekelhaft. Für mich stand Philip doch auf einem Sockel. Und wenn du Leute auf einen Sockel stellst, dann kannst du nicht tierisch geil mit ihnen sein.

Warum hast du Philip auf einen Sockel gestellt?

Er war ein Gott. Philip war ein Gott, und zwar körperlich und als Anblick. Er benahm sich auch wie ein Gott, also, ich hatte immer Minderwertigkeitsgefühle. Alles war unheimlich theoretisch. Philip ist ein echter Theoretiker. Und ich war genau das Gegenteil. Ich sagte immer: «Nenn mir ein Beispiel», aber er hat mir nie ein einziges beschissenes Beispiel für irgend etwas genannt! Ab und zu versuchte er, mich damit auszutricksen, und sagte zu mir: «Nenn mir ein Beispiel», und ich nannte ihm sechs oder sieben Beispiele für das, was ich meinte. Ich habe kein Vertrauen zu Theorie. Er hatte so viele Theorien auf Lager, und jedesmal wenn er sich mal wieder zu einer anderen Theorie über unsere Beziehung entschieden hatte, sollte ich mitziehen.

Du hast gesagt, dieser Macht-Trip war ein ganz wichtiger Teil eurer Beziehung, und das macht mich neugierig. Jemanden auf einen Sockel heben, ist auch ein Machtspiel in einem bestimmten Sinn.

Na ja, er hat mich auch auf einen Sockel gehoben, sozusagen. Wir standen beide auf einem Sockel. Trotzdem waren wir auch beide wirkliche Menschen. Wir waren ungewöhnlich echt miteinander. Da liegt kein Stein mehr auf dem anderen, bis heute. Alles was er noch mit mir anfangen kann, und ich mit ihm, ist über die Beziehung reden. Wie zwei Historiker, die sich treffen, zwei Fachleute.

Als ich in der *London School of Economics* gearbeitet habe, in der Bibliothek des britischen Außenministeriums, habe ich mal einen Typ getroffen, der studierte «Somalia im Januar 1889», und das einzige, worüber der reden konnte, war Somalia. Genauso kommt mir das vor mit Philip. Das einzige, worüber wir reden können, sind drei Jahre Beziehung. Was anderes ist nicht drin. Er gibt auch bestimmte Sachen über unsere Beziehung zu, die ich drei Jahre lang auf den Tisch gepackt habe, aber warum kann man nicht etwas zugeben, wenn es passiert?

Einer der Gründe, wieso Philip sich geweigert hat, etwas zuzugeben, war wohl auch, daß er jünger war, vielleicht war es das. Er protestierte zum Beispiel immer gegen Sachen, bloß weil ich sie sagte. Die einzige Person in meinem Leben, die das auch so macht, ist meine Mutter. Ehrlich. Das ist span-

nend. Spannend. Und ich wußte das nicht, als ich mich mit ihm einließ, ich habe mich da nicht etwa in meine Mutter verliebt. Denn er war damals noch völlig anders. Das ist ja das erstaunliche, wie eine totale Kehrtwendung.
Es gab einen Haufen Machtkämpfe während der ganzen Beziehung. Bei allem, was wir machten, bei allem. Ich wollte, daß er an zu kochen fängt, und er hat gemeckert, daß er acht Stunden am Tag arbeitete, aber Geld hat er mir auch nicht gegeben. Er hat immer mit den acht Stunden Arbeit täglich argumentiert, als ob ich die Hälfte von seinem Geld gekriegt hätte dafür, daß ich für ihn koche, weißt du, wie eine Ehefrau. Ich habe zu ihm gesagt: «Hör zu, wenn du mir die Hälfte von deinem Geld gibst, wird es mir ein Vergnügen sein, zu kochen. Aber du gibst mir einen Scheißdreck, keinen Pfennig gibst du mir.» Schließlich war ich eines Tages pleite. Ich war total abgebrannt und erklärte ihm: «Philip, du mußt jetzt für meinen Unterhalt sorgen, klar?» Ich war wie gelähmt, bis dahin hatte noch nie jemand für meinen Unterhalt sorgen müssen. Und Philip fand das eine phantastische Idee, also, richtig romantisch. Gut, also was macht er? Jedesmal wenn ich fünfunddreißig Cent brauchte, mußte ich zu ihm gehen und ihn um fünfunddreißig Cent bitten. Ich bin langsam ausgeflippt.

War das, als ihr aus Frankreich wieder zurück wart?

Nein ... doch. Das war gleich danach. Ich war einfach pleite. Ich hatte damit gerechnet, aber ich war einfach nicht darauf vorbereitet. Und jetzt war ich also von Philip abhängig. Jetzt hatte er also die Macht. Und Junge, Junge, er hat sie verdammt mißbraucht! Weißt du, ich bat ihn: «Sag mal, warum läßt du mir nicht dreißig Dollar da?» Er wollte das nicht so, er wollte wirklich jeden einzelnen Dollar austeilen wie ein Almosen. Das ging also einen Monat lang, dann habe ich einfach gesagt, vergiß es. Ich werde mich nicht auf dich verlassen, was das Geld angeht. Das hat mich wirklich wütend gemacht, er ist nämlich wirklich fies mit Geld. Ich eigentlich nicht. Ich war echt spendabel mit ihm. Es hat mich auch nicht gekümmert. Als ich ein großes Essen zu seinem Geburtstag gemacht habe, habe ich dreihundert Dollar ausgegeben. Normalerweise kaufe ich mir ein Hähnchen für sechsundvierzig Cents, aber ich hatte Lust dazu und ich stand vier Tage in der Küche. Vier Scheiß-Tage. Ich habe mit Indern und Pakistanis zusammen gewohnt, und die haben mir beigebracht, wie man richtig indisch kocht, also konnte ich zum Beispiel zehn verschiedene Curries kochen, richtig exotisch. Curry-Kochkunst für Fortgeschrittene. Und da waren ja auch alle Freunde dabei, Philip war dabei, es war wirklich eine tolle Sache, dachte ich. Und Philip hat das eigentlich nie so gewürdigt, wie ich gehofft hatte. Also, er hätte sich ein bißchen überwältigen lassen können. Aber es war schwer, von ihm positiv gewürdigt zu werden.

Wie hat er reagiert auf diese Riesen-Geburtstagsparty?

... ich weiß nicht. Es hat ihm gefallen. Er war total aus dem Häuschen. Er war verwirrt. Alles drehte sich um ihn. Das hat ihn echt verwirrt.

Mag er das nicht, wenn alles sich um ihn dreht?

Ich weiß nicht! Er mag es, solange er es nicht bekommt, und dann nicht mehr. Es hat ihn unheimlich geflippt. Ich glaube, daß er begreift, als was die Leute ihn wahrnehmen. Und er hat nie begriffen, warum ich ihn geliebt habe.

Warum hast du ihn denn geliebt?

Ich weiß nicht warum. Mach das Tonband mal einen Augenblick aus.

Die Frage war, warum du Philip geliebt hast. (Pause) Willst du noch etwas von dem Essen erzählen?

Ich mache immer die besten Essen. Da kannst du jeden fragen. Wirklich. Wie eine große Familie. Die fressen sich alle dumm und dämlich. Es gibt reichlich *dope* und interessante Gespräche. Mehr braucht man nicht. Man braucht noch nicht mal viel Platz. Alle denken immer, man braucht unheimlich

12

Platz für ein Essen. Man braucht bloß einen Tisch, man muß kochen können und interessante Leute kennen. Und jeder kann interessante Leute kennen, wenn er selber interessant ist. Warum ich Philip geliebt habe? Philip war alles, er war mein Leben. Ich habe ein Buch über ihn geschrieben. Warum ich Philip liebe? Er war alles, was ein Mensch sein sollte. Er ist so rein und ehrlich, er ist so unschuldig. Das ist unglaublich. Warum liebe ich Philip? Mensch. Können wir die Frage für später lassen? Es ist wirklich ...

Was ist mit Foto (12)?

Das ist der Grund, weshalb ich Philip liebe.

Philip mit Mütze.

Philip war so arrogant und so sexy, und wenn ich ihn von weitem sah, zum Beispiel auf der Straße, habe ich ihn echt nicht erkannt. Ich dachte mir, wer ist denn der arrogante

Dreckskerl? Wo kommt der denn her, daß der hier so rumläuft? Dann merkte ich, daß es Philip war. Ich dachte mir, Menschenskind! Er hat wirklich diesen arroganten Gang, und der gehört nicht zu dem Philip, den ich kenne, absolut nicht. Ich bin der einzige, der Philip wirklich kennt. Niemand sonst kennt ihn.

Ich glaube, nur Kinder sind arrogant. Wenn du jemand triffst, der fünfzig ist und arrogant, dann ist der eben ein Kind geblieben. Philip war ein Kind, während unserer ganzen Beziehung, das war vermutlich das Problem.

Er war so selbstgerecht. Ich hatte nie das Gefühl, er fragt mich nach etwas, weil er eine Antwort haben will. Er fragte nur, damit ich dann sagte: «Na ja, was denkst *du* denn, Philip?» Damit er mir dann die richtige Antwort sagen konnte. Das lief oft ab, er fragte mich etwas, und ich sagte ihm, wie ich das beantworten würde, und dann legte er los und erzählte mir, was ich seiner Meinung nach wirklich sagen wollte. Das hatte gar nichts mehr zu tun mit meiner Antwort. Und das lief dauernd ab, tagein, tagaus. Ich weiß auch nicht. Ich war damals glücklicher. Wirklich. Irgendwie war ich mit diesem ganzen Scheiß so glücklich, ich war so zufrieden. *(Lange Pause)*

Und wir waren ganz albern zusammen, wir hatten eine richtige eigene Sprache. Ich war *Baby* und er war *Duck*. Und jedesmal wenn wir uns nicht auseinandersetzen wollten mit irgendwas, fielen wir einfach in diese Babysprache.

Nur, wenn ihr euch nicht auseinandersetzen wolltet ...?

Nein, nein, manchmal war es einfach ein Ausdruck von Nähe. Als ob wir zwei kleine Kinder wären, die zusammen sind. Am Anfang war das echt schön, zwei Kinder, die miteinander spielen. Aber dann hatten wir was entdeckt, was wir benutzen konnten, um uns nicht mit der Wirklichkeit unserer Beziehung auseinandersetzen zu müssen, mit all dem Scheiß, der schiefging und so. Und da haben wir dann diese Babysprache einfach immer benutzt, mit jedem erdenklichen Vorwand. Wir hatten eine richtige Macke damit. Inzwischen reden wir nur noch so miteinander. Nicht nur, aber irgendwie können wir wohl mit unseren Gefühlen nicht echt gegenüber dem anderen sein. Ich meine, ich habe gerade sechs Monate mit einem total abgefuckten Magen hinter mir. Ich schlafe allein. Ich fühle mich elend. Ist das vielleicht gerecht? Ich frage dich, ist das gerecht?

Erwartest du Gerechtigkeit?

Ja! Ich erwarte immer Gerechtigkeit, ich krieg sie bloß nie. Ich bin am Arsch hier. Er ist verliebt. Nicht genug, daß er nicht am Arsch ist, er ist auch noch verliebt. Ich werde nie vergessen, was er mir gesagt hat, als er mich vor zwei Monaten anrief. Er sagte: «Neil, ich glaube, ich kann mich nie wieder verlieben.» Ich erklärte ihm: «Also wirklich, Philip. So ein Quatsch. Laß dir mal ein bißchen Zeit. In ein paar Jahren sind wir vielleicht beide darüber hinweg und verlieben uns.» Und tatsächlich kommt der letzten Freitag mit der Meldung an ... Er hat mir mal gehört. Jeder Zentimeter von ihm hat mir mal gehört. Jedes Geheimnis. Es sind die kleinen Sachen, nicht die großen, die kleinen Sachen, die kleinen Geheimnisse, die man sich gegenseitig erzählt. Dieses neben ihm aufwachen, seinen Geruch so gut kennen, ihn in sich aufnehmen, denken wie er. Das war es. Weißt du, er hat alles haben wollen, er hat mich in eine Schablone pressen wollen. Das wollte er.

Er wollte dich in eine Schablone pressen?

Ja, er wollte mich in eine Schablone pressen. Ich bin, glaube ich, ein Vernunftsmensch. Ich sehe mir an, wie einer ist, und wäge dauernd ab – überwiegen die guten Seiten die schlechten? – und wenn sie das tun, okay. Ich akzeptiere die schlechten Seiten. Aber ich akzeptiere die wirklich. Er nicht, weißt du. Er will wirklich einen Gott. Und er wollte mich in die Schablone pressen, die er von mir gemacht hatte. Einfach jemand, der eben superoffen ist und mit seinem Gefühl immer super zu Rande kommt. Ich meine, zum Teil stand er auch auf mich wegen meiner Distanz. Und das wird er nie annehmen können. Er glaubt, es ist nur meine Verletzlichkeit, was ihn angezogen hat – das ist totale Scheiße. Ich meine, du weißt ja, wie ich aussehe. So habe ich immer ausgesehen, ich war auch immer distanziert. Ich mache das nicht extra, es ist bloß, ich fühle mich in der Menge wirklich unwohl. Manche Leute werden aktiv, wenn sie sich unwohl fühlen. Ich halte Abstand. Ich sehe unheimlich unglücklich aus oder böse. Nicht im üblichen Sinn böse, eben einfach unglücklich. Und die meisten Leute mögen das nicht.

Hattet ihr gemeinsame Freunde?

O ja. Also, ich hatte einen Freund seit dreizehn Jahren, aus der Schulzeit, wir hatten beide schließlich unser *Coming out*, und vorher waren wir nur unter uns schwul gewesen, aber wir machten die sechziger Jahre zusammen durch. Philip haßte diesen Typ. Als ich Philip kennenlernte, war ich auch lange da rausgewachsen. Als das anfing, waren wir zehn Jahre lang so eine Art Ersatz-Lover, wir haben nie miteinander geschlafen – wir haben nicht mal geredet über Sex. Wir lebten in unserer eigenen Welt. Wir hatten wirklich einen ganzen Trip miteinander. Und das war so eng an einer Liebesgeschichte dran, wie man sich nur denken kann, bloß ohne Sex – sonst hatten wir wirklich enge Bande, eine richtige Seelenverwandtschaft. Und Philip hat auf den Typ gewalttätig reagiert. Alle haben gewalttätig reagiert, wenn wir zusammen waren. Wir lebten so sehr und so lange Jahre in unserer eigenen Welt, daß niemand an uns herankam. Wir waren zwei Kinder im Glücksrausch, wir hatten auch unsere eigene Sprache. Phil hat ihn gehaßt. Dabei hatte ich das Gefühl, ich hätte diesen Typen schon lange hinter mir gelassen. Er ist bei seinem *Coming out* ziemlich durchgedreht, er ist wahnsinnig schwul geworden. Ich nicht. Es ging wirklich allmählicher bei mir. Also war ich da schon rausgewachsen, und Phil war ein guter Vorwand, um mich ganz von ihm zu lösen. In diesem Sinn war ich sogar froh, daß Philip es so eisern ablehnte, etwas mit ihm zu tun zu haben. Philip konnte absolut nicht mit ihm klarkommen.

Und dann waren Philip und ich zusammen in der *Gay Acade-*

mic Union, und ich habe später erfahren, daß wir als Modellpaar galten. Aus irgendwelchen Gründen scheinen schwule Akademiker keine besonders hohe Meinung von ihrer Sexualität zu haben – oder jedenfalls hatten sie sie damals nicht. Alle so ein bißchen bieder und öde, gelehrt. Philip und ich waren überhaupt nicht so. Wir waren sehr offenherzig mit unserer Sexualität. Wir waren intelligent, wir waren genauso intelligent wie die, klar. Wir waren gut Freund mit ihnen, wir machten oft Riesenessen zusammen.
Wir waren auch in Selbsterfahrungsgruppen. So Gruppen – heute rümpfen alle die Nase darüber – dabei brauchen sie sie heute nötiger denn je. Das liegt so auf der Hand – überall. Phil war in einer und ich in einer anderen. Also hat er in seiner Selbsterfahrungsgruppe alle möglichen Fäden gesponnen und denen unheimlich was vom Pferd erzählt – und aus mir ein schlimmes Bild gemacht. Sie haben mich gehaßt. Sie haben ihn dauernd gefragt, warum er immer noch in dieser Beziehung steckt. Also, ich hatte ein paar Todfeinde in dieser Selbsterfahrungsgruppe, denen ich unter keinen Umständen erlaubte, zu uns in die Wohnung zu kommen, selbst wenn Philip sie unheimlich gern mochte. Das heißt, er hatte ein paar Freunde, die ich überhaupt nicht leiden konnte. Denn ich wußte, die waren gegen die Beziehung. Sie waren eine Bedrohung für mich, und das mochte ich nicht. Es kam fast soweit, daß ich ihn bitten wollte, aus der Selbsterfahrungsgruppe rauszugehen, falls es zu bedrohlich werden würde. Ich habe auf seine Umgebung sehr genau aufgepaßt.
Meine eigene Gruppe – wir hatten eine spannende Selbsterfahrungsgruppe. Irgendwie sieben jüdische Jungs und ein Italiener, der sich benahm wie ein Jude. In Phils Gruppe durfte man nur Fragen zur Klärung stellen. In meiner durfte man seine Meinung sagen. Manchmal bin ich wochenlang nicht hingegangen, ich hatte so eine Angst, mich mit manchen Leuten da auseinandersetzen zu müssen. Es wurde schließlich so hart, daß die Leute nicht mehr kamen. Es war phantastisch ... die Gruppe hielt zwei Jahre lang. Alle saßen auf dem *Floß der Medusa*. So fühlte sich das an, jede Woche. Es war eine

aufregende, phantastische, wichtige Erfahrung. Als wir da rauskamen, bewegten wir uns in diesen politischen Akademikerkreisen.
Und dann gab es noch Philips – hatte ich eigentlich Freunde? – Philips Freundin Susan, eine Kollegin, und mit der komme ich immer noch nicht richtig klar. Sie ist die sensibelste und verständnisvollste Frau, die ich je kennengelernt habe, und ich empfinde einen unheimlichen Respekt vor ihr. Und ich empfinde sogar heftige Liebesgefühle für sie. Sie war scharf auf Philip, als sie ihn kennenlernte. Ich war natürlich ein Rivale. Wir haben uns verhalten wie Rivalen, immer wenn wir zusammen in der Öffentlichkeit waren. Susan und ich haben noch immer so eine Haß-Liebe-Beziehung, so ein Anziehen und Zurückstoßen, gegenseitig. Also, das war immer sehr unbeständig. Ich habe Susan auch nie ganz getraut. Ich sah sie als Geier. Ich kam mir wirklich vor wie ein Ritter im Mittelalter, der über sein Leben wacht, so ungefähr: ich muß mein Hab und Gut schützen. Wenn mich etwas bedroht, behalte ich immer die Situation im Auge. Ich sage Philip, mit wem wir uns treffen können und mit wem nicht. Je nachdem, wie bedrohlich oder wie feindselig die zu mir sind.

Habt ihr euch oft mit Freunden getroffen? Waren sie eine Gemeinschaft, ein sozialer Zusammenhang?

Nein, sie waren jeder eine Gemeinschaft für sich. Zum Beispiel Philips Ex-Professor Terry und seine Frau Sally und die Kinder, die waren sehr wichtig in unserem Leben. Sie waren sehr wichtig, weil sie etwas sehr Konservatives hatten, wie Familien normalerweise. Sie selbst waren nicht konservativ, aber Familien sind per definitionem, egal ob das nun die Blutsverwandten sind oder eine Großfamilie, die sind konservativ. Philip war mal verknallt gewesen in Terry, und der war einfach ein netter, lebhafter, sensibler Kerl. Ich habe schließlich gemerkt, daß ich Terry ziemlich ähnlich war, eine bestimmte Art von Chauvi-Typ, aber gemildert durch Sensibilität. Es ist diese Sensibilität, die Leute wie Philip unter der Oberfläche brodeln hören. Die sie ausprobieren und heraus-

filtern wollen. Weißt du, die brauchen das Chauvihafte oben drüber, damit sie darunter etwas brodeln hören können. Philip versteht diesen Widerspruch irgendwie, aber er akzeptiert ihn nicht wirklich, ich meine die Tatsache, daß das eine mit dem anderen zusammenkommen muß. Das ist die einzige Mischung, auf die Philip gut anspricht. Er hatte ein paar Geschichten nach mir, aber sie klappten nicht, und ich weiß auch, warum sie nicht klappen konnten. Weil eine Sache, die Philip braucht, diese Zweischneidigkeit in ein und derselben Person ist. Und so häufig gibt es die ja nicht.
Gegenüber Terry und Sally hatte ich von Anfang an eine Paranoia – Sally war nicht glücklich über die Beziehung. Langsam aber sicher wurde ich aber immer zutraulicher, ich liebte sie sogar. Eddie gehörte dazu, das ist Terrys Bruder, und die Kinder gehörten dazu. Ich komme unheimlich gut aus mit den Kindern. Sie hauen mich nicht gerade um. Aber ich komme einfach gut mit allen aus, vielleicht weil ich zu ihnen gehöre. *(Lachen)* Und das war eine Familie ... es war die schönste Zeit meines Lebens ... so gesehen.
Ich kann verstehen, daß Leute manchmal heiraten oder sich Lover ins Haus holen, das schafft Sicherheit. Also, mit dem Sex klappt es nicht so toll, hiermit klappt es nicht so toll, damit klappt es nicht so toll, aber es schafft eine bestimmte Sicherheit ... und außerdem, als Schwuchtel allein in dieser Stadt, das ist schlimmer als der Tod, tatsächlich, und um die Situation beneide ich niemanden. Als Teil von einer Zweierbeziehung – und das ist eben kein Allheilmittel oder so – da erlebst du doch Höhen, die das alles lohnend machen. Du hast auch unheimlich viel Zeit, wenn du einfach zufrieden bist. Denn diese *Wer hat Angst vor Virginia Woolf*-Szenen, die gibt es ja nicht jeden Tag. Philip und ich haben irrsinnig viele solche Zeiten für uns erlebt. Auch wenn wir eine sehr turbulente Beziehung hatten – also, wir haben dreieinhalb Jahre zusammengelebt, und da ... mehr als tausend Tage sind das, und es gab lange, einfach zufriedene Phasen, wo ich noch nicht einmal dran gedacht habe, ob ... die Frage, ob Philip bei mir bleibt oder mich verläßt, kam mir gar nicht erst in

13

den Kopf. Aber Terry und Sally spielten wirklich eine wichtige Rolle in unserem Leben. Wir haben Vergleiche angestellt, zwischen den Beziehungen, und wir ... was man schnell merkt, wenn man eng zusammen ist mit einem Hetero-Paar, ist, daß der Unterschied zwischen den Problemen, die es immer gibt, eben nicht besonders groß ist und daß man – die Probleme lassen sich leicht sozusagen austauschen.

Foto (13) ist Philip im Wald.

14

Ach, das war sagenhaft. Das war die Frankreichreise. Bei Leonardo da Vinci zu Hause. Philip war echt drauf mit der Natur. Immer wenn wir in den Wald fuhren, war er richtig glücklich und ich nicht. Ich fühlte mich mies im Wald. Ich bin ein Großstadtkind, in New York geboren und aufgewachsen, und das wird sich nie ändern. Ich habe alles mögliche ausprobiert, ich war in den üppigsten Tälern in Indien, in den schönsten Waldschluchten in Yorkshire und ich kann es einfach nicht aushalten da. Ich kann es nicht aushalten. Immer wenn ich mit ihm im Wald war, war er offensichtlich selig. Und ich war eifersüchtig darauf, daß er im Wald glücklich sein konnte, denn ich fand Wälder einfach widerlich.

Warum denn?

Ach, ich weiß nicht, das war immer so kitschig. Da gab es kein Kino, keine Bücher, keine Platten, da gab es nichts, keine Musik. Es gab bloß Bäume.

Was ist mit Foto (14)?

Oh, das ist der Philip, den ich liebe. Er ist beinah elegant. Er paßt immer so gut. Seine ganze Ästhetik ist so elegant. Und meine eben offensichtlich nicht. Meine Ästhetik richtet sich nach Bequemlichkeit. Punkt. Ich habe nämlich in einem Haus gewohnt, wo ich nicht im Wohnzimmer sitzen durfte. Das ist eins von den Schlössern an der Loire. Das gotische. Kein elegantes Château. Es war sehr schwerfällig, so wie Dürer. Ich habe ein Faible für Dürer. Ich liebe eine bedrückende Ästhetik in der Kunst, und was mich fasziniert, ist, glaube ich, eine sehr kahle Art von Kunst. Dieses Château hat mich fasziniert. Die eleganteren, die Renaissance-Schlösser, die mochte ich überhaupt nicht. Und Philip fand die einfach toll. Genau wie die Couch, die Philip hat, meine Mutter wollte das nicht glauben, als sie die gesehen hat. Das ist echt Philip. Und sein Thron. Hast du seinen Thron gesehen? Dieser eine Stuhl? Ja ja. Das ist Philip. Mozart auch. Ich finde Mozart schlimm. Er fand Mozart toll. Alle Leute, die ich kenne, finden Mozart toll. Aber Philip, irgendwie wirkt es so verdammt elegant, wenn Philip Mozart toll findet, irgendwie, dagegen Beethoven – oder Wagner! Als ich mit Philip in Frankreich war, kam ich mir vor, als gehörte ich zum Hofstaat von Eleonore von Aquitanien. Er war so gefeiert. Die Männer haben ihn nur so umschwirrt, überall wo er hinkam.

Wie hat dich das beeinflußt?

Einerseits wollte ich, daß diese Franzosen auf mich konnten. Philip scheint die einfach nur so einzusammeln, all die heißen Typen, hinter denen ich her war – und ich schaffe es ja auch –, aber irgendwie wurde ich das Gefühl nicht los, daß er viel besser war. Er hat die schönsten Männer, die ich je im Leben gesehen hatte, einfach nur so eingesammelt. Ganz einfach. Und immer gleichbleibend. Er brauchte überhaupt nichts zu machen, das hat mich so fertiggemacht, er brauchte keinen einzigen Finger zu rühren. Ich mußte mir den Arsch aufreißen, um an diese Männer ranzukommen, und er brauchte keinen Finger krumm zu machen. Der hat es immer zu leicht gehabt, so habe ich mich gefühlt. So hat sich seine Mutter auch gefühlt. Er wird das furchtbar finden, wenn er das liest. Er hat es wirklich leicht gehabt im Leben.

Foto (15). Philip ist sehr wütend.

Philip hatte etwas unheimlich Beängstigendes an sich. Ich habe immer gedacht, Philip wird mich eines Tages noch umbringen, denn das konnte ich immer in seinen Augen sehen, wenn er wütend war. Ich hatte immer das Gefühl, er staut alles nur auf.

Staut alles auf? Ich dachte, vorhin hättest du gesagt, er würde immer alles ausleben.

Also eine ganze Menge hat er nicht ausgelebt. Da steckte noch viel mehr dahinter. Ich glaube, einmal habe ich wirklich Mordlust in seinen Augen gesehen. Ich kam aus Portugal zu-

15

rück und war soweit, daß ich eine echte Beziehung mit ihm wollte. Ich meine, ich war bereit, an jedem einzelnen Punkt einzulenken. Ich war bereit, mich ficken zu lassen, und ich wollte sogar versuchen, Spaß daran zu kriegen. Ich war bereit, ihm wirklich alles zu geben, was er wollte.

War das inzwischen ein wichtiges Thema geworden?

Es wurde das vorherrschende Thema.

Daß du dich ficken läßt?

Ja. Für mich bekam das eine Dimension von Friß-Vogel-oder-Stirb. Mir war ganz klar, daß die Beziehung, wenn ich mich nicht ficken lassen wollte, kaputtging. Das Gleichgewicht war zu gefährdet.
Gut, ich kam also zurück, ich wollte einlenken. Nicht daß ich nicht sowieso schon in den meisten Fällen nachgegeben hätte. Ich bin unheimlich nachgiebig in Beziehungen. Er gibt überhaupt nie nach, Philip. Ehrlich, er ist nicht besonders nachgiebig, an kaum einer Stelle. Sexuell ja, aber das wär's dann auch. Bei allen anderen Sachen gibt er nicht nach. Und seine sexuelle Nachgiebigkeit, die läßt er dich dann bezahlen, jedes Fetzchen, das du gekriegt hast. Ich weiß nicht, was ich erzähle.

Das weißt du wohl.

Er hat mich jedesmal bezahlen lassen, daß ich ihn gefickt habe. Er hat mich schwer Tribut zahlen lassen. Am Ende der Beziehung war ich ein Nervenbündel. Ich war genauso froh, daß ich ihn los war, wie er. Es gab keinen anderen Ausweg mehr. Wir waren beide echt traurig. Aber es war eine Riesenerleichterung. Das war es tatsächlich. Dabei hatten wir einen ganzen Sommer hinter uns, wahnwitzig und ganz entspannt sexuell. Und Drogen. Einen Haufen Drogen. Ich meine, ich habe noch nie soviel Drogen eingeschmissen. Ich kann das nicht erzählen: meine Mutter liest das auch später. Ich muß aufhören, von Drogen zu reden. Okay: Philip. Philip war ein Schwein. Ich kam aus Portugal zurück und ich war drauf und dran, ihm alles zu geben. Ich ließ das auch durchblicken, und es ist schon komisch, in dem Moment, wo ich ihm alles geben wollte, wollte er es nicht mehr haben. Ich fand das sehr witzig. Er stellte immer Forderungen. Ich bewegte mich langsam in seine Richtung in der Beziehung, ich öffnete mich, ich wurde langsam lockerer und offener. Und sowie ich ihm alles gab, stieg er aus.

Wie meinst du aussteigen?

Er hatte kein Interesse. Er wollte sich überhaupt nicht mehr auf mich einlassen. Der Spieß war umgekehrt. Ich mußte ihm alles aus der Nase ziehen. Ganz plötzlich mußte ich herausfinden, was in Gottes Namen in seinem Kopf vorging. Und in seinem Kopf ging vor, daß er ausziehen wollte.

Halt mal. Wo sind wir jetzt? Nach Paris, nach Frankreich?

Ich weiß die Zeit nicht mehr genau. Ich kann mich nicht mehr erinnern, ob das jetzt vor Frankreich oder danach war, das ist alles ein bißchen vernebelt inzwischen. Es war irgendwann in zweieinhalb Jahren Beziehung. Und mit Sicherheit nach den ersten anderthalb Jahren. Wir wollten uns ohnehin trennen, und Phil war auf dem Sprung, sich zu trennen, und wir waren beide kurz vor dem Zusammenbruch. Und in der Nacht, was ich da in der Tat gemacht habe, ich meine, ich hatte Judy Garland fünfzehn Jahre lang nicht mehr gespielt. Als ich zwölf war, glaube ich, mochte ich Judy Garland gern. Ich meine, sie hat diese ganze Zartheit eines Zwölfjährigen. Ich holte also «Stormy Weather» raus und legte es auf, und wir brachen beide in Tränen aus, stundenlang, und wir blieben zusammen. Das hat uns wirklich zusammengehalten. Wir sind dann in eine Beratung gegangen. Eine wirklich gute Beratung. Aber sie war gut, weil der Typ, der sie machte, alles das gesagt hat, was ich auch immer gesagt hatte. Daß Philip zu große Besitzansprüche hatte, daß er mich erstickte, und daß ich ihn eigentlich ersticken müßte. Oder daß Philip einfach nicht so fixiert sein sollte.

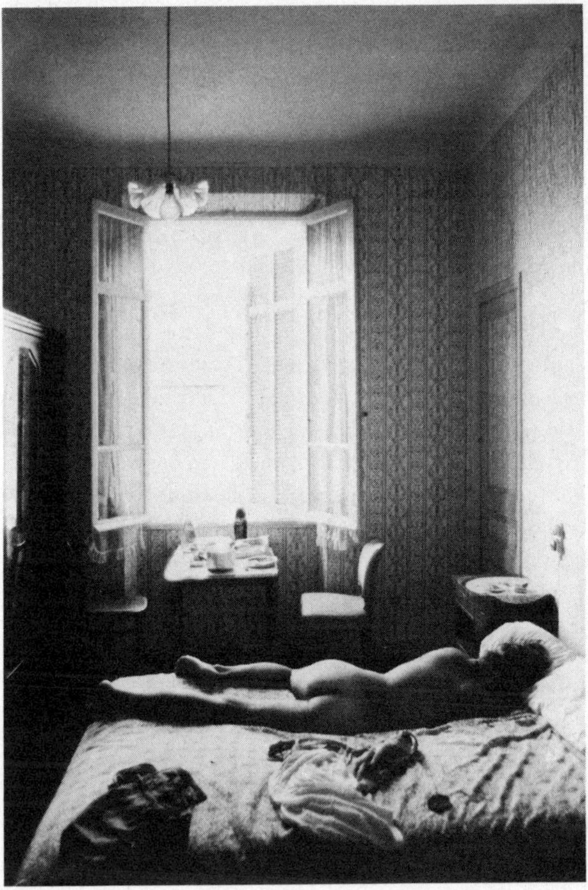

16

(16) und (17). Du und Philip in den Flitterwochen in Frankreich.

Nicht direkt Frankreich. Cannes war Flitterwochen. Frankreich an sich war das nicht. Wir hatten ein Auto, das wir Robespierre nannten. Und ich konnte nicht mit Gangschaltung fahren. Obwohl ich mit dem Auto nach Portugal wollte. Ich konnte nicht mit Gangschaltung fahren. Philip fuhr die ganze Zeit, und das hat ihm eine Menge Macht eingebracht. Er durfte entscheiden, wann wir anhielten und wann nicht. Und er sollte mir das Fahren beibringen. Er tat es, er gab mir zwei Übungsstunden. Und es wurde ziemlich hart. Ich kann wirklich gut allein reisen, ich habe das jahrelang gemacht. Aber mit jemand anderem zusammen zu fahren, ist eine ganz andere Sache.

Wir haben im Freien gezeltet, wir hatten ein Zelt mit. Wir hatten gerade mal wieder die übliche Sex-Debatte. Ich glaube, es war auch nicht schlimmer als sonst. Ich hatte ihn auch die ganze Zeit nicht betrogen. Ich hatte überhaupt keinen Auslauf gehabt. Wir fuhren nach Avignon und es ging uns gut zusammen in Avignon, es gab Feuerwerk, sie feierten gerade den Tag der Befreiung der *Bastille*. Und trotzdem machte uns diese Sex-Kiste wahnsinnig. Echt wahnsinnig. Wir wurden unheimlich feindselig miteinander, und ich bestand darauf, daß wir woanders hinfahren. Wir fuhren nach Lyon, und das hat mich richtig eingeschüchtert, es sah so nach Großstadt aus, ich wollte wieder weg. Also fuhren wir an die Riviera runter. Na ja, die Provence ist echt schön, ich liebe die Provence, immer schon. Und diese Landschaft mit den Schlössern, das kam uns vor wie im Paradies. Und dann fuhren wir durch den schlimmen Teil, zwischen den Schlössern und Cannes. Es war einfach grauenhaft. Wir fuhren nach Arles, Avignon und dann runter nach Aix, und das ist einfach grauenhaft. Widerlicher Ort. Und als wir in Cannes ankamen, waren wir schlicht unglücklich. Ich war noch nie in Cannes gewesen, ich hatte immer gedacht, das ist zu teuer.

Also waren wir auf dem Sprung, ich bin auf dem Sprung, ich bin immer auf dem Sprung, wenn ich das, was ich will, nicht gleich kriegen kann. Wir kamen in Cannes an und suchten ein Hotel und dann finden wir dieses hier. Und das war hinreißend, weil es so idyllisch war. Es sah aus wie die kleinen Hotels in Paris mit Fensterläden, Blick auf die Straße, ein schönes großes Bett und ein Bidet und eine Dusche und Frühstück, alles für irgendwie drei Dollar pro Person. Echt billig. Wir

hatten ja auch ein Auto. Und am nächsten Tag fuhren wir an den Strand und trafen da ein paar Schwule, die uns erzählten von diesem sagenhaften Felsstrand, ein schwuler Nacktstrand mit Felsen, ein bißchen außerhalb des Ortes.
Also fuhren wir da am nächsten Tag hin, und es war wirklich eine Idylle, ich meine, lauter schöne nackte Männer. Es gab ein Wäldchen oben auf dem Felsen, wo alle ficken gingen, und Philip und ich fuhren jeden Tag da hin, und plötzlich konnten wir wieder miteinander ficken, und irgendwie, weil eben beide noch mit anderen ficken konnten und das sehr offen ablief und weil wir wirklich entspannt waren, irgendwie lagen wir so am Strand und verliebten uns in Cannes wieder ineinander. Ich weiß nicht wie, ich kann nicht erklären, wie das ablief. Aber es war alles idyllisch. Unser Sexualleben war idyllisch, wir waren entspannt miteinander, wir konnten andere Leute kennenlernen, und wir hatten trotzdem ein grundsätzliches Zusammengehörigkeitsgefühl. Das ging, glaube ich, zehn Tage lang so, wir blieben einfach immer länger. Er mußte bald wieder zurück und arbeiten, aber keiner von uns flippte wegen irgendwas aus. Er traf sich mit Männern. In einer Nacht trafen wir uns sogar mit demselben. Und es war einfach richtig schön, wir verliebten uns. Es war wie im Paradies. Und ich entdeckte eine schöne Seite von Philip, ganz ohne Druck. Wir hatten keine von diesen verzwickten Diskussionen, wir waren einfach gelassen. Ich werde das nie vergessen, wie wir da morgens einfach saßen, Croissants aßen und uns einfach ansahen.

Ihr habt Glück gehabt. Möchtest du etwas über Foto (16) sagen?

Ja, das Zimmer. Ich war gerade vom Strand zurück gekommen, wir waren am Strand gewesen, und ich war erschöpft. Wir haben dann immer ein Nickerchen gemacht. Ich habe immer mein Nickerchen gemacht, mein ganzes Leben lang. Aber hier haben wir das zusammen gemacht. Ich stellte mir vor, wie wir später ficken. Da schlafe ich gerade. Und, ja, ich bin immer ganz glücklich beim Schlafen. Glaube ich. Die Bettlaken sind nicht ganz derselben Meinung, sie sind immer

17 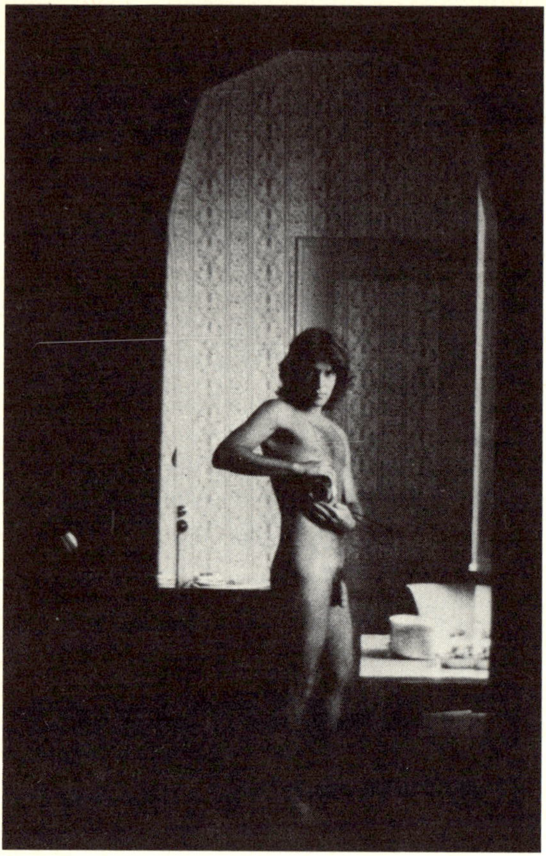

verwurschtelt, wenn ich aufwache. Ach ja, es war einfach wie im Paradies. Wir hatten alles.

Und (17)?

Das ist im selben Zimmer aufgenommen. Philip hatte ein echtes Faible für Spiegel während unserer Beziehung. Philip konnte endlos vor dem Spiegel stehen. Ich kann vielleicht vierzig Sekunden lang in den Spiegel kucken und dann nach

dem Motto: Alles da? Dabei bin ich ziemlich selbstsicher über mein Äußeres, ich weiß, wie ich aussehe, und so groß sind die Veränderungen nicht, nur immer ein paar Falten mehr oder die Andeutung von Falten. Das liegt in der Familie, damit kann ich also rechnen.
Aber Philip hatte eine richtige Manie mit seinem Aussehen. Und nicht etwa aus Eitelkeit, er war alles andere als eitel. Ganz unsicher. Ich fragte ihn dauernd: «Philip, was suchst du denn, um Gottes willen?» Selbst wenn wir bloß mal ins Kino gingen oder so was, er stand stundenlang vor dem Spiegel und versuchte, sich aufzumotzen. Ich konnte mir überhaupt nicht vorstellen, was er da machte. Ich wurde immer unheimlich wütend deswegen, ich konnte damit überhaupt nicht umgehen. Ich empfand das als völlig nutzlose Selbstbefriedigung.

Hast du gedacht, er ist eitel oder er ist unsicher?

Unsicher. Klarer Fall. Ja sicher, er hat darüber erzählt ...

Findest du, Philip sieht zur Zeit dieses Fotos schon anders aus?

O ja. Als ich ihn kennenlernte, hat er sich unheimlich was einfallen lassen, um bloß nicht sexy auszusehen. Unheimlich. Er kann mir dankbar sein, daß er jetzt so schön aussieht ... Meinst du das?

Nicht ganz. Ich will darauf hinaus, was deiner Meinung nach die Unterschiede zwischen dem Hetero-Paar und einem schwulen Paar sind.

Huch ...

Glaubst du, es gibt wirklich bedeutende Unterschiede?

Na ja, klar ... klar gibt es die ... na, Penetration ist der Hauptunterschied. Ich glaube, bei einem Hetero-Paar steht Penetration überhaupt nicht wirklich in Frage, der Mann dringt in die Frau körperlich ein mit seinem Schwanz. Aber ich glaube, bei schwulen Paaren – wir betrachten ja den Schwanz als ziemlichen Machtfaktor –, da wird das für mich eine Frage von Macht, da wäge ich ab und entscheide mich, ob diese oder jene Person es *verdient*, daß sie die Macht hat, in mich reinzukommen, ich irgendeiner Person die Macht gebe, in mich reinzukommen oder ob die Person diese Macht, in mich reinzukommen, überhaupt verdient. Und das wird einfach – das hört auf, Sex zu sein, und wird gleichzeitig etwas ganz Symbolisches. Weißt du, wenn ich mich ficken lasse, dann versetze ich mich in Frauen, in Hetero-Frauen. Wirklich, ich versetze mich völlig in sie hinein – ich kann sie so total begreifen, wahrscheinlich gilt das für die meisten Schwulen und Hetero-Frauen, deshalb gibt es ja auch so enge Verbindungen. Und ich habe diese Beziehung zu meiner Mutter, die ich einfach nicht begreife – ich weiß, die ist so innig und so eng und so, fast wie bei Proust ... und alles, was ich bei ihr zu spüren glaube, nehme ich dann in mich selbst auf – das ist beängstigend. Irgendwie ein Teil von mir ist mein Vater, genauso konservativ und blabla ... aber die wesentlichen Teile von mir und die wirklich zarten Teile von mir, die Gefühle, die unter der Oberfläche brodeln, das ist alles meine Mutter. Und ich habe eine unglaubliche Bindung an meine Mutter – die ist überhaupt nicht erotisch, sondern eher – die ist völlig anders als – jede gefühlsmäßige Bindung an irgend jemand sonst auf der Welt. *(Lange Pause)*

Glaubst du, das ist der einzige Unterschied?

Ich glaube, Frauen sind auch geduldiger. Das kann ich so im allgemeinen sagen über die Frauen, die ich kenne. Frauen verstehen die Bedeutung der engen Zweierbeziehung als Grundlage der Gesellschaft ... wirklich, ihre eigene Stellung in der Gesellschaft ... Frauen schlagen sich mit einer ganzen Menge mehr Scheiße herum als Männer. Vor allem als schwule Männer, die legen doch sofort den Löffel aus der Hand ... Frauen dagegen ...

Na ja, Schwule werden auch durch nichts zusammengehalten.

Ja, aber auch bei Paaren, die keine Kinder wollen, da finde ich die Frauen auch wirklich – klar, das ändert sich wahrscheinlich auch jetzt ... aber ich glaube immer noch, daß Frauen Stabilität in die Beziehungen bringen, und ich habe nicht den Eindruck, daß Schwule besonders geduldig sind. Ich meine, *ich* hatte ziemlich viel Geduld. Ich hätte so oft aus der Beziehung weglaufen können, es hat einfach keinen Spaß mehr gemacht, aber ich mußte diese Arbeit machen – es war Arbeit – es war wirklich Arbeit, weißt du, und ich mußte das einfach machen und ich habe es gemacht. Aber ich habe es auch gern gemacht.

Welchen Einfluß hatte die Schwulen-Szene?

Auf uns?

Ja. Ich habe den Eindruck, ihr seid nicht sehr oft zusammen weggegangen, in die Subs ...

Ach wir sind nie ... nie und nimmer in Subs gegangen oder in die Sauna ... Ich wäre gar nicht darauf gekommen.

Also das einzige von Schwulen-Szene, was ihr zusammen mitgemacht habt, war dieser politisch-akademische Zirkel?

Zusammen, als Team, ja. Philip mochte sich nicht mit mir zusammen auf der *Christopher Street* zeigen – er ist so konkurrenzhaft, so paranoid, wer mich ankuckt. Ich denke ja, die meisten Männer haben Philip angekuckt. Mir hat das nichts ausgemacht, ich bezog irgendeine Art von Stolz daraus – auf der Straße langgehen mit einem wirklich schönen geilen Mann. Du mußt dir vorstellen, Philip betritt einen Raum und alles dreht sich um ... Philip hat ein Auftreten ... er strahlt etwas aus, ich glaube nicht, daß viele Männer so eine Ausstrahlung haben.

Jetzt kommt die harte Nuß. Was ist das alles für dich, drei Jahre deines Lebens? Ich will jetzt nicht wissen, wie du dich diese Woche fühlst. Aber wenn du dich jetzt mal ein Stückchen davon entfernst, was denkst du über diese drei Jahre, diese Beziehung, über das, was du da investiert hast?

Na ja, ich bin erwachsen geworden, ich bin ein Mann geworden. Tjaja, darüber hat jeder so seine eigene Theorie. Juden zum Beispiel sagen, das wirst du mit dreizehn.

Und Chinesen sagen mit fünfunddreißig.

Okay, aber ich glaube, man ist es dann, wenn man einen Mann liebt, nur als Mann kann man einen Mann lieben. Es war mir all das wert. Es ist alles, was ich habe. Diese Beziehung war alles. Sie war mein Leben. Sie war mein Leben. Sie war – ich meine, ich habe ihn geliebt. Warum sollte ich drei Jahre unserer Liebe verleugnen wollen?

Postscriptum:
Philip Gefter

Als ich die Abschrift meines Interviews zum erstenmal las, war ich entsetzt. Es kam mir vor, als ob die Erfahrung der drei Jahre meines Lebens, die ich am intensivsten erlebt hatte, zu einer bloßen Aufzählung von Ereignissen geschrumpft waren und all den Zauber verloren hatten, der die Beziehung für Neil und mich so einzigartig gemacht hatte. Die Feinheiten unserer Erfahrungen klangen durch meine Worte nicht mehr durch, und gerade diese Feinheiten hatten unserer Beziehung zur Blüte verholfen.
Unsere Beziehung ist viel mehr von Gefühl und Intellekt bestimmt gewesen, als der sexuelle Grundton, der das Interview durchzieht, vermuten läßt. Aber trotz aller Leidenschaft und aller Gefühle, die ich in ihr erfahren habe, stehe ich dazu, dem Sex dieses Gewicht beizumessen. Im Bereich der Sexualität wurden meine Bedürfnisse und mein Verlangen nach Neil greifbar.
Es ist schwer, Erinnerungen abzurufen, in denen sich all meine Gefühle während unserer Beziehung gesammelt haben. Ich weiß nicht, ob ich die vergangenen drei Jahre rückblikkend aus Selbstschutzgründen zurechtgestutzt habe. Aber als ich las, was ich über mein Leben mit Neil erzählt hatte, stiegen vielschichtige Gefühle wieder in mir auf.
Während ich mit Neil zusammenlebte, war ich völlig Sklave meiner Gefühle. Meine Ansprüche an Neil waren so übermächtig, daß ich sie kaum kontrollieren konnte. Ich fühlte mich gefangen in einem symbiotischen Netz, das ich selber gesponnen hatte. Wann immer Neil etwas unabhängig von mir unternahm, wurde ich völlig unfähig. Ich fühlte mich ausgeschlossen, negiert, und hatte immer das Gefühl, ihm geht es besser als mir. Auf sein Leben übertragen hieße das, es ist aufregender, also reicher. Und schließlich, wenn sein Leben reicher war, war er auch interessanter und lebenstüchtiger als ich. Armer Neil, er hatte sehr zu leiden unter meinen irrationalen Kurzschlüssen, und ich bin inzwischen sicher, daß viele seiner Verhaltensweisen während unserer Beziehung ausgelöst wurden durch meine defensiven und hartnäckigen Ansprüche an ihn.

Rückblickend wird mir langsam klar, daß das Gewebe von Gefühlen, das durch eine Romanze wachgerufen wird, nach dem Muster unserer ersten frühkindlichen Bindung an unsere Eltern geknüpft ist. Meine Gefühle für Neil waren ähnlich gewoben wie die meisten frühen Bindungen, die mir bewußt sind. Nicht zufällig sind Neil und meine Mutter als einzige imstande, mich in Wut zu versetzen, ebenso wie sie mir dieses Gefühl von Geborgenheit und Wärme verschaffen können, das ich bei niemandem sonst empfinde. In diesem Bereich des Gefühls, der funktioniert, lange bevor wir es bewußt mit Wörtern ausdrücken können, werden die Gefühle prototypisch aufgebaut, und dieses prototypische Netz wird von romantischen Gefühlen rekonstruiert.

In fast allen Zweierbeziehungen, die ich kenne, kommt das Phänomen der Babysprache vor. Die Gefühle für Neil während unserer «Sandkasten-Dialoge» erinnerten mich immer an die in meiner Kindheit. Während dieser Gespräche phantasierte ich mir Neil als Dreijährigen zurecht. So konnte ich ihn scheinbar irgendwie all seiner angelernten Verhaltensmuster entkleiden und das verwundbare, unschuldige Kind zutage fördern, das in uns allen lebt. Es war ein Versuch, an die Wurzeln zu stoßen, zur reinsten Form der Intimität vorzudringen. (Ich frage mich oft, ob sich darin nicht das genetische Programm der Fortpflanzung äußert – Neil wurde nicht nur Elternersatz, sondern auch Kindersatz.) In diesem Prozeß allerdings, mit Neil diese fundamentalste Bindung einzugehen, verlor ich meine Autonomie. Anstatt daß wir beide während der Beziehung uns gegenseitig näherkamen und unabhängig voneinander reicher wurden, wurde ich nur immer abhängiger. Als ich endlich beschloß auszuziehen, kam es mir vor, als durchlebte ich die Phase der Entwöhnung von meiner Mutter noch einmal.

Unsere Beziehung hätte vielleicht andauern können, wenn die zeitlichen Umstände andere gewesen wären. Ich lernte Neil mit einundzwanzig kennen, ich kam frisch vom College und flatterte zum erstenmal aus dem ökonomisch sicheren Nest meiner Eltern in die Welt. Mein Selbstwertgefühl und meine Fähigkeit zur Selbsterhaltung schienen äußerst wacklig. Heute wundert es mich gar nicht, daß ich auf Neil traf und mich in ihn verliebte, nachdem ich ihn ausgetestet hatte und eins nach dem anderen jedes seiner Prinzipien für besser befunden hatte als meinen eigenen verinnerlichten Katalog in bezug auf Ethik, Herkunft, Intelligenz und Interessen. Es wundert mich nicht, daß ich völlig von ihm abhängig wurde. Er war sowohl erfahrener als auch selbständiger als ich damals. Das soll nicht heißen, daß ich mich nicht in Neil verliebt hätte, wenn ich älter gewesen wäre, aber ich wäre an die Beziehung mit einer viel gesünderen Bedürfnishaltung herangegangen.

Es wurde für mich fundamental, meine eigenen unabhängigen und selbstgesteuerten Wünsche und Ziele zu entdecken. Ich glaube, meine zukünftigen Beziehungen haben eine echte Überlebenschance, weil meine Ansprüche andere sind. Ich werde auch weiter grundsätzlich Liebe, Intimität, Respekt, Unterstützung brauchen. Aber ich werde da herangehen mit einem abgeklärten Gefühl dafür, wo und wie ich mich da einbringen kann. Auf diesen Seiten stehen einige Enthüllungen über unser Leben. Das macht mir angst. Ich finde es auch leicht absurd, wenn ich merke, daß «ich» das bin in dem Artikel, den ich lese, und daß ich da über jemanden lese, der seine sprichwörtliche schmutzige Wäsche in der Öffentlichkeit wäscht. Ein bißchen Schmutz hat noch niemandem geschadet. Wir wissen alle, daß es den gibt, aber nur wenige reden darüber. Ich habe eben einfach beschlossen, Gefühle und Verhaltensweisen zu diskutieren, die alle kennen, die aber nur wenige zugeben.

Warum habe ich mich dazu entschlossen, diese höchst privaten Erfahrungen preiszugeben? Erstens, weil ich ehrlich glaube, daß diese Gefühle, die für mich privat sind, auch privat und womöglich heilig bleiben, egal wie ausgiebig ich darüber diskutiere. Ich bin auch weiterhin die einzige Person, die die Erfahrung meines eigenen Lebens macht, und meine Erfahrung wird nicht dadurch geringer, daß ich meine Gefühle preisgebe, eingestehe, beschreibe oder erkläre. Zweitens, weil ich glaube, daß Neil und ich damit einer noch unbemerkten existenziellen Wahrheit über uns selbst auf die Spur kommen können. Der Anblick unserer Worte, gedruckt und abgerückt von unserer Erfahrung, über unser Leben zu reden, und der Anblick dieser Fotos von uns und wie sie unseren Berichten über ihren Zusammenhang gegenüberstehen, hat meiner Ansicht über unsere Beziehung Distanz hinzugefügt, die Beobachten möglich macht. Ich erwartete, einen Einblick in unser Leben zu bekommen, indem ich sowohl das Thema als auch der Leser war, und für mich war dieser Prozeß unschätzbar wertvoll. Ich untersuchte die zwei Seiten meiner eigenen Worte – den Bereich, aus dem sie entstanden, als ich sie erfand und aussprach, und den Bereich, aus dem heraus ich sie las, als ob jemand anderes sie gesagt hätte. Meine Worte gaben nicht adäquat all das wieder, was ich mitteilen wollte, als ich sie sagte, aber sie transportieren paradoxerweise eine Menge Entdeckungen über mich und die Beziehung. Auch in Neils Interview habe ich viel entdecken können, nicht weil er Sachen sagt, die ich nie vorher gehört hätte, sondern wegen der Distanz, zu der das Lesen zwingt.

Ich habe eine Ausbildung als Maler und Fotograf. Gleich als ich zu Neil zog, fing ich an, unsere Beziehung fotografisch zu dokumentieren. Ziemlich gleich zu Anfang dieses Projekts forderte Neil, daß er jedesmal, wenn ich ihn fotografierte, mich auch fotografierte. Das schien nur fair und außerdem dem Projekt entsprechend. Man kann schließlich nicht eine halbe Beziehung dokumentieren. Ich dachte, durch die Fotos von uns beiden würde die Chronik auch authentischer. Aber je mehr das Projekt wuchs, desto mehr wuchsen auch die Hindernisse. Heute kann ich auf drei Jahre Fotografieren blikken und feststellen, daß ich in den allerlohnendsten Augenblicken eben nicht zur Kamera gegriffen habe – nämlich dann, wenn wir in erbittertem Streit lagen oder uns dem absoluten Glücksrausch hingaben. Ich bedaure es heute, daß ich nicht so geistesgegenwärtig war, um solche Augenblicke zu fotografieren, die für mich die größte Bedeutung haben. Die Fotos in diesem Buch sind nicht unbedingt die besten Bilder, die Auswahl richtete sich nach Neils und meiner Reaktion auf die Kontaktstreifen.

Ich neige dazu, gegenüber allem ewig ambivalent zu bleiben, und wie ich auf diese Interviews reagiere, macht da keine Ausnahme. Es macht mich verlegen, wie verletzbar ich bin. Aber vielleicht mache ich mir auch etwas vor, wenn ich denke, daß man sehr stark und reichlich waghalsig sein muß, wenn man so ein Projekt durchhalten will. Ich habe das Gefühl, ich möchte so viele Facetten dieses Materials über Neil und mich erklären, rationalisieren und rechtfertigen, aber ich werde versuchen, diesen Drang in Grenzen zu halten.

Man könnte diese Interviews als selbstmitleidig empfinden, und ich gebe zu, daß auch ich selber verlegen war, als ich sie zum erstenmal gelesen habe. Ich habe mich gefragt, warum überhaupt jemand etwas über unser Leben lesen mag, über diese öde Familiengeschichte von zwei Leuten, die sich zufällig lieben, über zwei Lovers, die ihre Liebesgeschichte nicht durchgehalten haben. Unsere Geschichte will absolut kein Modellfall sein, sie ist lediglich die Geschichte zweier Männer. Vielleicht haben sogar die Idiosynkrasien unserer Beziehung auch im Leben der Leser dieses Buches eine Bedeutung. Ich komme immer mehr dahinter, daß universelle Wahrheiten nicht in verallgemeinerten Verhaltensmustern stecken, sondern sich vielmehr in den beschränkten Kleinigkeiten unseres Lebens manifestieren. Ich hoffe sehr, daß der Leser oder die Leserin etwas von den von uns zur Diskussion gestellten Verhaltensweisen und Gefühlen in ihrem eigenen Leben wiederfinden können.

Ich glaube, daß wir durch die Veröffentlichung dieser Interviews unsere Erfahrung so dargeboten haben, daß sie denen den Rücken stärken helfen, die das Gefühl haben, ihre Probleme seien einmalig und doppelt unterdrückend. Ich möchte es den Leuten ein bißchen leichter machen, die wegen ihrer Veranlagung mit Schuldgefühlen und Leidensdruck leben. Wenn solche Leute merken, daß sie mit den elementaren Konflikten ihres Lebens nicht allein sind, dann schwindet vielleicht das

Gefühl, sie wären «verdorben» und ihr Verhalten eine Verirrung.

Was Neil, die andere Hälfte dieser Geschichte, angeht – wir sprechen fast jeden Tag miteinander. Ich habe ihm gegenüber hauptsächlich familiäre Gefühle. Er ist der amüsanteste Mensch, den ich kenne, und ich liebe ihn noch immer wirklich. Wir veranstalten noch immer Beziehungstangos, und unsere Spielchen sind bestenfalls amüsant und schlimmstenfalls pubertär. Aber die Hysterie ist vorbei. Ich habe nicht mehr den Drang, mich so existenziell an Neil zu binden. Wir haben allerdings immer mal wieder Stimmungen, in denen unsere Bedürfnisse exzessiver durchkommen, wo wir uns beide eine gemeinsame Zukunft in irgendeiner Form ausmalen. Ich weiß nicht, ob wir je wieder zusammenleben können, aber ich fühle auch nicht mehr solchen Druck, diese Frage lösen zu müssen.

Wir haben gegenseitig in unser Leben eingegriffen. Wir haben uns geliebt und uns verletzt. Wir haben zusammen gelacht, wir haben uns oft gestritten, wir haben drei Jahre lang versucht, uns in diesem ganz existentiellen Bereich kennenzulernen. Es waren die drei wertvollsten Jahre meines Lebens.

Postscriptum:
Neil Alan Marks

Kommst du vom Himmel, steigst du
klein aus den tiefen Schlünden,
o Schönheit?
(Baudelaire)

Das schrieb ein Dichter, dessen tiefverwurzelte ambivalente Haltung gegenüber Frauen hinreichend belegt ist. Rückblikkend glaube ich, meine Beziehung zu Männern im allgemeinen und zu Philip im besonderen hat ähnliche Nuancen der Haß-Liebe. Ich habe Probleme damit, mir mein Leben mit Männern auszumalen, aber ich kann mir meinen persönlichen Kosmos auch nicht ohne sie erschaffen.

Ich war zuerst überrascht, als ich hörte, daß diese Interviews wirklich veröffentlicht werden sollten. Das Projekt erschien mir zuerst als zu esoterisch für die hedonistischen siebziger Jahre, jenes Jahrzehnt, in dem die Schwulenbefreiung auf dem Programm stand, aber nie wirklich stattfand. Das hat natürlich unter anderem den Grund, daß niemand genau weiß, was die Befreiung der Schwulen heißen soll. Gegenüber der nicht-schwulen Welt stellt sich das Problem offenbar auf zwei Ebenen: einer gesetzlichen und einer sozialen. Für viele von uns ist die Frage der Gesetzgebung ganz einfach die: Werden wir als amerikanische Staatsbürger von der Verfassung geschützt oder nicht? Ich denke manchmal, daß die politische/gesellschaftliche Stellung von homosexuellen Männern und lesbischen Frauen in gewissem Maß der historischen Stellung der Juden in allen möglichen Ländern gleicht. Was die politischen Rechte beider Gruppen angeht, so sind wir immer noch nicht weiter als: mal sind sie sichtbar, mal sind sie es nicht. Dieser dauernde Blick-über-die-Schulter beeinträchtigt die gesamte Struktur unseres Lebens. Wir haben diese Verwüstung durch die andauernden psychischen und gesetzgeberischen Bombenangriffe nicht verdient, denen wir außerhalb und innerhalb unserer Subkultur ausgesetzt sind. Aber trotz alledem können wir im Augenblick nichts anderes tun, als uns neue Lebensformen schaffen. Wenn mehr Männer, ob schwul oder nicht, die normalerweise ihre Gefühle genauso privat halten wie ich, ihre Erfahrungen mit anderen Männern in allen möglichen Bereichen austauschen würden, gäbe es auch weniger negative Spannungen in der Gesellschaft. Ich bin mir der Tatsache bewußt, daß viele heterosexuelle Männer sich durch dieses Buch bedroht fühlen werden. Man kann historisch begreifen, warum heterosexuelle Männer sich so wenig dafür erwärmen mögen, etwas von Männern zu lernen, die offen dazu stehen, daß ihre Liebesobjekte Männer sind. Ich glaube trotzdem, daß jeder, der selber geliebt hat, etwas mit *Lovers* anfangen kann ...

Anfangs, und zwar aus meinem Sinn für Privatleben heraus, gerann meine erste Überraschung zu einem Schock, als ich die Abschrift dieser Reise durch drei Jahre durchlas. Ich las Sachen, die im schlimmsten Fall Verleumdungen waren, und im besten Fall elende Geschmacklosigkeiten. Für jemanden wie mich mit Geschmack für die Privatsphäre war die Veröffentlichung von etwas, das im wesentlichen eine Beziehungsautobiographie ist, eine höchst fragwürdige Angelegenheit. Mir klingelte immer eine Frage im Kopf herum: *Wer bist du denn, daß du denkst, deine Beziehung ist so wichtig?* Ich fand Philip und mich extrem kühn. Warum eigentlich? Die Antwort ist schwer zu packen.

Ich vermute, ich habe *Lovers* deshalb mitgemacht, weil ich ein so ungeeigneter Kandidat bin. Ich bin vermutlich typisch für die Sorte Mann, die tiefste Freude und tiefsten Schmerz im Innern abwickelt. Also, wie habe ich den Sprung geschafft, das Manuskript erst als Verleumdung zu verwerfen und dann bereitwillig für das Titelfoto zu posieren? Vielleicht hat das mit dem Schwulsein zu tun. Ich glaube, Männer, die miteinander Romanzen haben, sind in ihren Möglichkeiten nicht so frei wie ihre heterosexuellen Gegenstücke. Der Mangel an gesetzlicher Verankerung hat wahrscheinlich stärkere psychologische Auswirkungen, als irgend jemand von uns bereit ist zuzugeben. Ich glaube, daß Homosexuelle, wenn sie irgend etwas schaffen wollen, doppelt hart arbeiten müssen. Sie können nicht sagen, sie bleiben zusammen wegen der Kinder. Sie müssen sich jeden Tag neu die Grundlage für ihr

Zusammenleben erarbeiten. Sie müssen aufpassen bei ihren Beziehungen zu Verwandten, denn die können sehr unangenehm sein. Wenn sie in der Großstadt leben, müssen sie sich auseinandersetzen mit erotischen Verlockungen, die nicht nur frei verfügbar sind, sondern auch bar jedes Schuldgefühls und jedes Respekts für eheliche Bande. Aber über so etwas ist wenig geschrieben worden. Aus allen möglichen Gründen meinen die Schwulen-Zeitungen, sie müßten das Leben als Schwule unbedingt in rosigen Farben darstellen, wie eben die meisten nicht-schwulen Medien das Gegenteil machen zu müssen glauben. Die Wahrheit liegt natürlich irgendwo dazwischen. Aber Offenheit (oder «Wahrheit») finden scheinbar alle irgendwie schwierig. Besonders in der Schwulen-Szene und ganz besonders in der New Yorker Schwulen-Szene ist Ehrlichkeit als Prinzip schwer durchzuhalten.

Von daher kann man vielleicht verstehen, daß ich versucht war, den Charakter «Neil» getrennt von mir zu diskutieren. Auf diese Weise hätte ich keine Verantwortung für die ambivalenten Eigenschaften, die ich in mir festgestellt habe, übernehmen müssen. Tatsächlich war ich, als ich die Geschichte las, gefühlsmäßig langsam aus dem Drama herausgewachsen, das noch vor zwei Jahren der wundeste Punkt meiner Existenz gewesen war. Ich versuchte, das Manuskript zu lesen wie irgendein uninteressierter Leser. Mein Gott, und wie! Aber der Teil in mir, der «offen» sein will, verlor nie aus dem Bewußtsein, daß ich hier tatsächlich all meiner Schutzmechanismen beraubt worden war. Und in der Schwulen-Szene sind Schutzmechanismen Überlebenswerkzeuge. Mit ihnen kam ich durch die Kanalsysteme von Bars und Diskotheken. Mit ihnen konnte ich langsam in den Hafen einer Beziehung einfahren und mit ihnen konnte ich auch wieder rausprechen. Dieses Buch kann meine Anonymität auf der Straße ganz leicht zunichte machen: also die Möglichkeit, daß ich entweder meine selbstgewählte Distanz aufrechterhalte oder mich spontan auf etwas einlasse. Und das ist ein schwerer Verlust. Denn die Straße ist eine wichtige Energiequelle. «Straße» – das kann auch ein Tanztee in *Pines Harbor* auf Fire

Island sein oder ein Baseballspiel auf den *Hayward Fields* in San Francisco, also jeder Ort, an dem das einfache und doch paradox vielschichtige gesellschaftliche Leben von Schwulen stattfindet. Und damit da keine Mißverständnisse entstehen: diese Subkultur ist ebenso einfach und vielschichtig wie jede andere auch. Und die Tatsache, daß mich jemand nach dem Erscheinen dieses Buches aus anderen Gründen ankuckt als wegen meiner Körperlichkeit, löste in mir sehr ambivalente Gefühle gegenüber dem Projekt *Lovers* aus. Ich möchte nicht falsch verstanden werden. Ich glaube, in uns allen steckt eine Person, die gern ans Mikrofon gehen und sagen würde: «Ich bin Mrs. Norman Maine.» Aber das nutzt sich ab. Das nutzt sich sehr schnell ab.
Beim Durchlesen dieses Manuskriptes konnte ich genau erkennen, wo ich mich verändert hatte und wo nicht, seit Philip und ich in jenen turbulenten Jahren ein Universum miteinander geteilt hatten. Unsere Beziehung war die tiefste unblutige Verbindung, die ich je eingegangen war, aber das merkte ich erst, nachdem er ausgezogen war. Ich glaube, mir wird bei allen meinen aufschlußreichen Schritten vom Wege meiner Lebensreise immer erst hinterher deren Bedeutung bewußt. Die Schwierigkeit liegt darin: die Hochs und Tiefs sind derart extrem, daß es zum Überlebensprinzip wird, möglichst dicht am Wege der Normalität zu bleiben. Ich glaube, die meisten Leute in nicht-traditionellen Beziehungen fragen sich, ob sie noch ganz normal sind, und zwar einfach, weil es keine Literatur gibt, auf die sie sich beziehen können. Philip war in einem bestimmten Sinn die Herausforderung für mein Beziehungs-Ich, die Selma und Birmingham für die Macht des weißen Mannes gewesen waren. Er war die eine Hälfte des Kampfes, hinter dem das Versprechen der Erlösung stand.
Und obwohl keine unmittelbare Erlösung zum Vorschein kam, steht doch endgültiges Glück in den Karten. Meine Reaktion auf das Originalmanuskript von *Lovers* war ein harter Test. Meine heftige Ambivalenz gegenüber der Freigabe zur Veröffentlichung schmolz zusammen zu etwas völlig Prinzipienlosem und Banalem: Eitelkeit. Ich fand mein Porträt einfach nicht schmeichelhaft. Und wer würde, im Vollbesitz sei-

ner geistigen Kräfte, der Welt ein Porträt von sich zeigen, das nicht schmeichelhaft ist? Also beschloß der Teil in mir, der sich am liebsten aufreizend verpackt darstellt, das Projekt zu streichen. Ich frage mich auch, ob es daran liegt, daß ich schwul bin, daß ich zum Teil auf Selbstdarstellung achte. Denn Homosexuelle sind gemeinsam mit heterosexuellen Frauen extrem Sexobjekte. Dazu kommt, daß uns das bewußt ist und wir uns auch entsprechend anziehen. Die Seite in mir, die befand, daß ich in *Lovers* nicht «gut aussehe», sagte «kommt gar nicht in Frage» zu dem Projekt. Wochenlang strich ich das Projekt und ließ es wiederauferstehen. Immer wieder ging ich zum Telefon und erklärte, dieser und jener Satz, Absatz und sogar ganze Seiten müßten gestrichen werden. Der Kampf endete schließlich mit einer Entscheidung, und ich ließ das Originalmanuskript, wie es war, strich nur zwei oder drei Sätze und ein Foto.

Was endgültig die Wellen glättete, war etwas, was meine Eltern, die beide höchst ehrbare Leute sind, mir von Kindheit an beigebracht hatten. Die Eigenschaft, sich niemals darum zu kümmern, was die Nachbarn denken: diese Eigenschaft trug intellektuell Früchte während der sagenhaften sechziger Jahre und kam gefühlsmäßig zur Blüte während der Beziehung mit einem Philip Gefter. Und diese Eigenschaft wird in der Schwulen-Szene teilweise im Koma gehalten. Ihr gelten Ethik, Ehre, Ehrlichkeit als wertvoll. Jemand, der während der siebziger Jahre auf solchen Werten bestand, war disqualifiziert als einer, der «in den sechziger Jahren steckengeblieben» ist. Es wird einem dauernd gesagt, der Zweck des Lebens ist, seinen Spaß zu haben. Vielleicht stimmt das für manche Leute. Für mich dagegen muß mein Leben eine *Bedeutung* haben, dafür lebe ich. Ich will da nicht mißverstanden werden. Ich glaube nicht im geringsten, daß Homosexuelle eine angeborene Unehrlichkeit haben. Wir sind nur, sowie wir uns zum erstenmal bewußt homosexuell verhalten, zum doppelten Gesicht gezwungen: mit Sicherheit in der nichtschwulen Umgebung Familie und Beruf, und mit einigem Nachdruck in der schwulen Gesellschaft der Posen und Mas-

ken. Ich glaube, jemand, der nach der Erfahrung als Schwuler in der Gesellschaft einigermaßen heil geblieben ist, hat einen Sinn für den Adel des Überlebenskünstlers. Denn – egal ob in der heterosexuellen Welt, die noch immer große Angst vor Schwulen hat, oder in der Welt der Schwulen, die stark von Selbstzweifeln geprägt ist – jemand, der den Kopf über Wasser halten will, muß andauernd gegen sichtbare und unsichtbare Dämonen kämpfen. So hat mir schließlich mein Sinn für Integrität erlaubt, mich in einem ambivalenten Porträt darzustellen. Und trotzdem gefällt mir die Idee nicht, daß ich nicht gemocht werden könnte, auch wenn es Fremde sind.
Zu den Einzelheiten der verschiedenen Einblicke in diesem Buch: ich bin bei manchen von Philips Prämissen nicht mit dem einverstanden, was er damit meint. Er spricht über meine diversen «Posen», als unterschieden sie sich von irgendeinem «wahren» Ich. Ich fürchte, das wird mir nicht ganz gerecht. Ein Gemälde betrachtet man selbstverständlich in seiner Gesamtheit und nicht bloß als winzige Aspekte auf der Leinwand, die man mag. Das Lächeln der Mona Lisa gäbe es nicht ohne ihr Kleid. Und ebenso bin ich vor einem Mikrofon oder im Rampenlicht genauso wirklich oder unwirklich, wie wenn ich weinend in Philips Armen oder ruhig mit ihm zusammen liege. Ich glaube, Philip meint eigentlich nur, daß er bestimmte Seiten von mir mochte und andere nicht. Punkt.
Unter anderem scheint er den Schluß gezogen zu haben, ich bin ein «bohemienhafter Intellektueller»: ich finde diese Kategorisierung ziemlich irritierend. Vielleicht bin ich deshalb sauer darauf, weil sich ein Teil von mir so hartnäckig bemüht hat, genau der prototypische «Jedermann» zu werden, den ich im allgemeinen so heftig verachte. Hat man schon mal «XY» mit T-Shirt und perfekt frisiert auf der Straße langlaufen sehen, oder das weibliche Gegenstück mit Make-up ohne verschmierte Spuren? Also, ich habe manchmal geradezu gargantueske Anstrengungen in die Richtung unternommen. Aber irgendwas war immer schief. Immer. Aber natürlich hatte ich auch immer sehr schnell das sprichwörtliche *Warum*? zu allem parat. *Warum? Warum? Warum?*

Je öfter ich das Manuskript las, desto deutlicher merkte ich, daß Philip zu den wenigen Leuten gehört, die mich mit meinen Warums noch überbieten. Er ist noch immer Quelle ständiger Verwirrung für mich. Wir telefonieren jeden Tag miteinander und schaffen es irgendwie, uns alle vierzehn Tage in irgendeinem Zusammenhang zu treffen. Höchst selten allerdings in unseren eigenen Wohnungen. Uns beiden ist die Intensität der Gefühle nur allzu gegenwärtig, die unter der echten Wärme liegen, die wir füreinander empfinden und uns zeigen. Ich habe auch miterlebt, wie aus Philip ein Mann geworden ist, obwohl er immer Züge seines jungenhaften Charmes beibehalten wird, bei denen ich nicht sicher bin, ob ich sie als Jugendlicher jemals gehabt habe. Noch immer ist er der Mann, nach dem ich mich in einem überfüllten Raum umdrehen würde. Aber wir haben nicht mehr viel miteinander zu tun. Nur dann und wann gibt es einen kleinen Stich. Dann und wann ein kleiner Stich aus der Erinnerung. Croissants auf der Veranda in Cannes. *Thanksgiving* mit Terry und Sally und den Leuten in Provincetown. Oder unsere Freundin Susan anrufen, die so ungewöhnlich sensibel mit unserem Innenleben vertraut war, damit sie einen Streit schlichtet. Oder wenn wir auf irgendeinem Podium mit Betty und Ginny über Beziehungen reden. Wie ich in der Disco Philip über den Weg lief, ein Jahr nachdem er ausgezogen war, zum erstenmal mit ihm tanzte und fand, daß wir genau zusammenpaßten. Wie wir bei solchen besonderen Anlässen miteinander schliefen. Wie wir versuchten, miteinander zu schlafen nach dem Bruch. Und schließlich sein Geruch, jedesmal, wenn ich ihm nahe war, an den ich mich noch lange, nachdem er wieder weg ist, erinnere. Und trotz aller ambivalenten Gefühle, die seine Gegenwart in mir auslöst, kann ich mich ansehen und mit aller nötigen Aufrichtigkeit sagen: ich habe geliebt, ich liebe und ich werde immer lieben. So ist dieses Buch schließlich gemacht worden für die Liebenden, die überlebt haben, und für die, die nicht überlebt haben, aber weiter daran *glauben*, ist diese Nachbemerkung und Widmung gemacht.

Wenn man Liebende interviewt

Interviews

Interviews hängen immer in Wolken von Doppeldeutigkeit. Weder Porträt, das jemand von jemand anderem macht, noch wirkliche Selbstdarstellung, entspringt das Interview aus dem Zusammenspiel zwischen Interviewer und Interviewtem. Deshalb ist die Frage nach der Urheberschaft paradox. Tatsächlich hat diese Interviews niemand *verfaßt*, drei Personen haben sie *gemacht*. Hätten andere, unterschiedliche Leute Philip und Neil interviewt, wären dabei andere Interviews herausgekommen. Selbst wenn dieselbe Person Philip und Neil zu einer anderen Zeit interviewt hätte, wären andere Interviews dabei herausgekommen. Was also macht ein Interview besser als ein anderes? Man muß anders fragen. Wie kann ein Interview beanspruchen, ernst genommen zu werden?

«Wörter werden von der Zunge im Mund geformt», wie Sartre sagt, und ein Interview besteht aus gesprochenen Wörtern. Sind die Wörter wahr? Wer weiß es? Mit Sicherheit nicht der Interviewer, es sei denn, er benutzt einen Lügendetektor. Und der Leser befindet sich in einer noch schlechteren Ausgangsposition, um ihren Wahrheitsgehalt zu beurteilen. Bestenfalls kann man sagen, die Story paßt zusammen, widerspricht sich nicht. Aber das gilt auch für eine gute Lüge. Wahrscheinlichkeit ist das Markenzeichen der Fiktion, typischer für jene als für die Wirklichkeit.

Wir wissen, daß diese Wörter gesprochen worden sind. Von eben der Person. Zu eben der Zeit. Oder bei eben der Gelegenheit – die Gelegenheit ist die Frage selber. («Frag mich was! Ich weiß nicht, was ich sagen soll, wenn du mir keine Fragen stellst.») Ein Interview ist also eine Auswahl von Momenten, in denen jemand etwas ausspricht. Eine Auswahl deshalb, weil die Momente von den Fragen geschaffen wurden. Ein Interview ist der Versuch, einen bestimmten Moment einer bestimmten Person zu vergegenwärtigen, auf einer Buchseite, durch eine Stimme.

Aber die «Stimme», die man hier auf der Seite «hört», ist nicht dieselbe wie die, die ich mit Hilfe der Elektronik auf das Magnetband gebannt habe. Die gedruckten Wörter sind nur noch ein Schatten der ursprünglichen nuancierten lebendigen Wörter, die «durch die Zunge im Mund geformt» werden. Tonhöhe, Timbre, Rhythmus, Lautstärke, Struktur und Pausen sind verlorengegangen – was kann man schon groß ausdrücken mit Kursivdruck, Klammern, Gedankenstrichen und Pünktchen? Außerdem habe ich die Abschriften *redaktionell bearbeitet.* Die ohnehin schon geschrumpften Dinge habe ich noch einmal zu einem kleinen Ausschnitt dessen zusammengeschnitten, was sie ursprünglich waren. Diese Auswahl, die redaktionelle Bearbeitung verfolgt einen Anspruch – den Anspruch nämlich, daß diese Wörter hier das Zuhören lohnen.

Soweit ich das beurteilen kann, ist das der einzige Anspruch, den ein Interview verfolgt: daß es sich lohnt, zuzuhören. Die Interviews in diesem Buch haben auf keinen Fall den Anspruch, endgültige Porträts dieses konkreten Individuums Philip oder dieses konkreten Individuums Neil zu sein. Und noch viel weniger den, ein Porträt dieses schwer greifbaren Themas, ihrer Liebesbeziehung, zu sein. Am allerwenigsten wollen sie die prekärste aller Schöpfungen sein, nämlich Porträt einer Liebesgeschichte (schwer greifbar) zwischen zwei repräsentativen Schwulen (abstrakt) – wir sollten derart wacklige Konstruktionen lieber den Sozialwissenschaftlern überlassen, in der schwachen Hoffnung, daß sie dann wenigstens nicht auf der Straße sitzen.

Diese Interviews stellen keine Liebesgeschichte vor. Sie stellen zwei Männer vor, wie sie über ihre Liebesgeschichte sprechen. Diese Liebe war ihnen gegenwärtig, während sie über sie sprachen. Aber es gab sie nicht mehr. Es war ein Mangel, den sie gespürt haben, wie der Schmerz, den man spürt, wenn ein Zahn gezogen wurde. Diese Interviews versuchen, dem Leser das gegenwärtig zu machen, was für Philip und Neil gegenwärtig war, indem sie Philip und Neil gegenwärtig machen.

Der Anspruch, diese Gespräche lohnten das Zuhören, kann nur durch den Leser überprüft werden. Ich für meinen Teil fühle mich einigermaßen wohl bei so etwas. Ich gehe immer herum und erzähle Leuten, sie müßten unbedingt dieses Buch lesen oder jene Person kennenlernen oder irgend etwas ansehen oder so ähnlich. Ich bin nicht umsonst Redakteur von Beruf. Und Redakteure produzieren natürlich auch Enten. An der Stelle kommt der Leser ins Spiel. Ein Buch veröffentlichen heißt, das Publikum um ein Urteil bitten.

Liebende

Wenn ein Interview schon eine zweifelhafte Form ist, dann ist das Wesen von Liebesgeschichten mindestens ebenso problematisch. Es gibt in diesem Buch zwei getrennte Interviews, weil es zwei getrennte Interpretationen der Liebesgeschichte gab, die von Philip und die von Neil. Das ist immer so bei Liebesgeschichten. Aber jede Interpretation ist «Textinterpretation». Eine Interpretation ist eine Perspektive, und man kann keine Perspektive entwickeln ohne einen Gegenstand («Text») der Wahrnehmung. Genau dieser «Gegenstand» fehlt in Liebesbeziehungen, und deshalb sind Streitereien zwischen Liebenden so mörderisch und zum Verrücktwerden. Es gibt keine objektive gemeinsame Vermittlungsebene.
Liebe – romantische Liebe oder Leidenschaft – scheint überhaupt nur aus Perspektive zu bestehen (das Phänomen: zwei Interpretationen und kein Text). Liebe gleicht der Erkenntnis. Der Liebende ist der einzige, der seinen Geliebten erkennt – deshalb auch können Freunde nie das in ihm sehen, was er in ihm sieht. Eines Tages wird der Märchenprinz kommen und Aschenputtel als das erkennen, was sie wirklich ist – seine Prinzessin. Eines Abends wird eine andere Prinzessin den Frosch küssen, denn sie sieht hinter die oberflächliche Häßlichkeit, und – peng! – nimmt er wieder seine wahre Gestalt an. Der Kuß, der Dornröschen weckte, war der Kuß der Erkenntnis. Erkennen und Erwachen, der Liebende und der Geliebte. Für die Übergangenen klagt Bette Midler: «You don't know me, you just don't know me.» Liebe als Leidenschaft,

das wechselseitige Erwachen und Erkennen zweier Liebender, ist vielleicht der größte Daseinsbeweis, den wir erfahren können. *Ich möchte, daß du hier bist. Ich möchte, daß du du bist. Du gehörst hierher, zu mir.* In unserer immer anonymer werdenden Massengesellschaft ist es kein Wunder, daß Liebe alle anderen Themen der Massenkultur überragt.

Aber Liebe ist eine Sache von Gefühlen, und Gefühle sind nicht Fakten. Ein Faktum steht fest, bleibt dasselbe. Zwei und zwei werden immer vier bleiben. Es ist ein Faktum, daß die Deutschen im August 1941 in Belgien eingefallen sind. Fakten haben eine hartnäckige Unverrückbarkeit an sich, das ist sowohl irritierend als auch ungeheuer beruhigend. Aber auf Gefühle kann man nicht rechnen. Gefühle ändern sich nicht nur, sie scheinen überhaupt grundsätzlich im Fluß zu sein. Ein Gefühl ist eher wie der Strom als wie der Kiesel. Es hält sich nicht, es bewegt sich fort und in der Fortbewegung ändert es sich. Das klingt ziemlich theoretisch, aber es hat Folgen.

Schwule neigen dazu, und zwar auf Grund ihrer eigenartigen sozialen Stellung, ihre zwischenmenschlichen Beziehungen ausschließlich auf Gefühlen aufzubauen. Ohne die feinverzweigten, zahlreichen Bestätigungen, durch die heterosexuelle Beziehungen in der Regel unterstützt werden, gründen schwule Beziehungen sich gern lediglich auf affektartige Vorlieben, und das ist überhaupt kein fester Grund, sondern eine bodenlose Tiefe, deren Gezeiten und Strömungen sich unserer Kenntnis und erst recht unserer Kontrolle entziehen. Wer begreift wirklich, warum er jemanden liebt? Ich kann verschiedene Arten aufzählen, aber nicht die Gründe. Man endet immer bei einem *je ne sais quoi* oder bei der banalen Einsicht, Liebe macht blind. Und weil wir nie aus guten Gründen lieben, kann man Liebe auch nicht verdienen. Ich kann jemandem Respekt schulden, aber nicht Liebe. Und alles das läßt nichts Gutes ahnen für eine dauerhafte Beziehung. Wenn Liebe jenseits des Verständnisses liegt, dann liegt sie erst recht jenseits unserer Kontrolle. Ich kann versprechen, etwas zu tun, aber nicht, etwas zu fühlen. Kontrollieren, also auch vorhersagen, kann ich mein Verhalten, aber nicht meine Gefühle. Das ist nicht unbedingt zu bedauern. Unter anderem liegt darin vermutlich unsere stärkste Beziehung zum wilden, unberechenbaren, turbulenten Leben der Natur. Jetzt wo das Antlitz der Erde vom Menschen entstellt und die Natur nahezu vollständig domestiziert worden ist, ist die Leidenschaft der Liebe vielleicht die einzige Erfahrung mit den gauklerischen Freuden der Natur, die uns noch bleibt. Sie fordert natürlich ihren Preis. Aber es gibt noch eine andere Seite. Isak Dinesen fand heraus, daß Afrika seine Geschöpfe einteilt in gute (häusliche) und edle (wilde), und während die guten nützlich sind, halten die edlen nach afrikanischem Empfinden die ungezügelte Würde der Schöpfung aufrecht. Und damit wären Schwule natürlich die größten Romantiker unserer Zeit.

Auf jeden Fall haben mich diese Interviews zu so vielen Gedanken über das problematische Wesen der Liebe angeregt – diese zwei Kehrseiten ohne Medaille. Diese Eigenschaft, schwer greifbar zu sein, schien getrennte und unabhängige Interviews zu erfordern, eine Annäherung auf zwei Gleisen, die einen Schimmer der dreidimensionalen, aber höchst imaginären Wirklichkeit wiedergibt. Derselbe Wunsch nach «Zweigleisigkeit» führte dazu, daß wir Fotografien gleichermaßen benutzen wie die Wörter, die als Reaktion auf sie entstanden. Und sie führte außerdem dazu, daß ich Philip und Neil bat, ein geschriebenes Selbstporträt zu verfassen, als Reaktion auf das Bild, das sie während des Interviewens verbal entworfen hatten. Wenn man schon zwei Kehrseiten ohne eine Medaille hat, dann sollte man sie dreifach haben. Hier also sind sie: die zwei Seiten der Geschichte, die Bilder und die Wörter, das Geschriebene und das Gesprochene. In den Zwischenräumen dieser Zweischneidigkeiten und durch ihre Maschen schlüpfend wird die Gegenwart dessen spürbar, was wir Leidenschaft oder Liebe nennen. Wie das Leben bleibt auch die Liebe ihrem Wesen nach ein Geheimnis. Über sie zu sprechen ist kein Versuch, das Geheimnis zu erklären, sondern die Aufmerksamkeit darauf zu lenken. M. D.

DER AUTOR

Michael Denneny, 1943 geboren, studierte an der University of Chicago und promovierte bei Hannah Arendt und Harold Rosenberg mit einer soziologischen Arbeit über den Begriff «Geschmack». Mitbegründer, Mitherausgeber und ständiger Mitarbeiter des in New York erscheinenden *Christopher Street Magazine,* in dem er häufig Interviews mit Homosexuellen veröffentlichte. *Lovers* ist sein erstes Buch.

DIE ÜBERSETZER

Wolfgang Sebastian Baur, 1950 geboren, Schauspieler. Studierte an der Sorbonne Paris und an der TU Berlin romanistische und anglistische Sprach- und Literaturwissenschaft. Übersetzte unter anderem *Schweine mit Flügeln* und arbeitet zur Zeit an der Übersetzung des Gesamtwerks von Boris Vian mit.

Pieke Biermann, 1950 geboren, lebt und arbeitet als Lektorin in Berlin und Hamburg. Mitbegründerin der Kampagne Lohn für Hausarbeit in Deutschland. Beiträge für Bücher, Zeitschriften und Filme. Autorin von *Das Herz der Familie,* einem Buch über Hausarbeit, und von *«Wir sind Frauen wie andere auch!»,* einem Buche über Prostituierte und ihre Kämpfe.

ROSA VON PRAUNHEIM

SEX UND KARRIERE

«Rosa von Praunheim zeichnet Widersprüche nach, in die wir, ob schwul oder nicht schwul, ausnahmslos verstrickt sind und denen wir nur auf verschiedene Weise begegnen»
Peter Gorsen in «Frankfurter Allgemeine Zeitung»

«Unserer bedepperten, nur angeblich lustbetonten Gesellschaft, die sich in den verlogensten Verpackungen wiedergegeben sehen will, muß das Buch, anarchisch, frei und bukolisch, wie es ist, ganz schön frech vorkommen»
Werner Schroeter in «Der Spiegel»

rororo Band 4214

ROWOHLT